Iris Lemanczyk

Über Stock und Stein

Schulwege weltweit

Verlag an der
ESTE

Originalausgabe

Text: Iris Lemanczyk

Fotos: Iris Lemanczyk (Dorf Abyaneh, Schulkinder Abyaneh), Shutterstock (Fluss Chadar im Himalaja, Junge am Chadar, Kinder auf Schilfinsel im Titicacasee, Boot auf Titicacasee, Schulklasse in Kenia, Mädchen am Fluss, Dächer in Rom), iStock by Getty Images (Platz in Rom)

Schrift Afrika.TTF: © 2009 by Norbert Bartz, NBgraphik

Die Wörter am Kapitelanfang bedeuten in der jeweiligen Sprache der Bevölkerung „Schule“ (Nordindien = Tibetisch, Peru = Aymara) oder „Schulweg“ (Kenia = Suaheli, Iran = Farsi, Italien = Italienisch).

Umschlaggestaltung: Init Kommunikationsdesign, Bad Oeynhausen
Lektorat: Ina Freisleben
Herstellung: Das Herstellungsbüro, Hamburg
Druck: GGP Media GmbH, Pößneck

ISBN 978-3-86865-377-9

www.verlageste.de

Inhalt

Der Weg aus Eis: *Indien* 7

See in Gefahr – Leben in Gefahr: *Peru* 52

Eine Flötenakazie für Serah: *Kenia* 89

Der etwas andere Schulbus: *Iran* 116

Vielleicht ist Rom gar nicht so schlecht: *Italien* 160

ཆོས་ལུགས

Der Weg aus Eis

Lobsang schluckte Staub. Er stand am Rand der Straße und kniff die Augen zusammen. Ununterbrochen hievte der Bagger Steine, Schutt und Staub auf den gelben Kipplaster. Ein paar Meter weiter schob eine Planierraupe Erde zur Seite. Ihre Ketten fraßen sich in den Untergrund.

„Schneller, schneller", feuerte Lobsang die Straßenarbeiter in Gedanken an. Bei dem Krach würden sie es sowieso nicht hören. Außerdem gehörte Lobsang nicht zu denen, die allzu viel redeten.

„Schneller, schneller." Am liebsten hätte Lobsang mitgeholfen. Wäre es nach ihm gegangen, hätten alle Einwohner von Leh beim Straßenbau mithelfen sollen. Aber selbst dann wäre die Straße nicht rechtzeitig bis Ferienbeginn fertig geworden. Mehr als drei, vier Kilometer waren noch nicht gebaut. Doch nach Zangla, zu Lobsangs Dorf, waren es 100 Kilometer. Der längste Schulweg der Welt.

Ohne eine Straße, die auch im Winter befahrbar war, musste er wieder die gesamte Strecke durch die enge Schlucht des Zanskar-Flusses gehen. Oder waten oder kriechen oder rutschen oder schlittern oder tapsen. Ein Teil des Flusses war zwar zugefroren, aber eben nur ein Teil. An manchen Stellen war die Strömung so stark, dass sich kein Eis bilden konnte. An anderen Stellen war das Eis über dem Strom brüchig. Dann musste man sich an der steilen Felswand entlangquetschen und hoffen, dass das bisschen Eis am Rand hielt. Lobsang hatte große Angst davor.

Aber der Weg über den zugefrorenen Fluss war im Winter die einzige Möglichkeit, nach Zangla zu kommen. Alle anderen Wege waren wegen des starken Schneefalls auf den hohen Bergpässen verschlossen. Denn überall hier im Himalaja-Gebirge wimmelte es nur so von bis zu 7000 Meter hohen Bergen. Zangla, sein Dorf, lag auf fast 4000 Meter Höhe. In dieser Höhe wohnte in Europa kein Mensch mehr. In Indien, im Zanskar-Gebiet, schon.

Im Unterricht hatte Lobsang gelernt, dass man seine Heimat Zanskar auch „Dach der Welt“ nannte, weil sie so hoch lag. Und im Winter so eisig kalt war: Minus 30 Grad konnte das Thermometer dann anzeigen. Egal, ob Könige oder Politiker hier regierten. Im Zanskar gab es stets nur einen wahren Herrscher: den Winter, von Ende Oktober bis in den Mai hinein. Drei Täler formten das Land, das vom wilden Zanskar durchrauscht wurde, der dem Gebiet den Namen gegeben hatte.

In vier oder fünf oder sechs Tagen war es wieder so weit. Dann kam sein Vater nach Leh und holte Lobsang ab. Zwei Monate Winterferien lagen vor ihm. Zwei Monate, in denen er seine Eltern, seinen Großvater und alle im Dorf wiedersah. Zwei Monate, in denen er nicht in Leh im Internat wohnen musste, sondern daheim bei seiner Familie sein durfte. Dieses Mal freute sich Lobsang besonders darauf, denn mittlerweile musste sein Geschwisterchen zur Welt gekommen sein. Ob es ein Junge oder ein Mädchen war, wusste er noch nicht, auch nicht, ob es ihm gut ging. Denn solange Lobsang in Leh war, hatte er keinen Kontakt zu seiner Familie. Zu Hause gab es kein Telefon, keinen Strom, kein fließendes Wasser. In Zangla gab es keinen Laden, keinen Arzt, keinen Polizisten, keine Post. Die Häuser hatten keine Heizung. Wenn es draußen minus 30 Grad waren, dann waren es drinnen vielleicht fünf oder sechs Grad. Geheizt wurde nur durchs Kochen. Wegen der Kälte wusch man sich kaum, trug ewig dieselben Kleider. Viele Zanskari behielten ihren knöchellangen dunkelroten Mantel das ganze Jahr über an. Sie sahen darin aus wie Zauberer.

„Schneller, schneller", feuerte Lobsang die Bauarbeiter noch einmal an. Wenn die Straße schon fertig wäre, dann müsste er mit seinem Vater nicht am Zanskar entlanggehen. Wahrscheinlich müsste ihn sein Vater überhaupt nicht abholen. Seinen jetzigen Schulweg konnte er nicht allein gehen. Das war viel zu gefährlich. Manchmal dauerte der Schulweg vier, manchmal fünf oder sechs Tage. Manchmal sogar noch länger. Das kam immer auf den Zanskar und sein Eis an. Wenn das Eis nicht gut trug und brüchig war, musste man viele Umwege machen und die steilen Felswände hochklettern. Davor hatte Lobsang fast noch mehr Angst als vor dem Eis. Trotzdem musste er den Weg über den zugefrorenen Fluss nehmen, nur er verband sein Dorf im Winter mit der übrigen Welt. Eis, Schnee und Felsen waren der einzige Zugang nach Zangla. Wenn der Zanskar zugefroren war, nannten ihn die Leute „Chadar" – die gefrorene Platte.

Lobsang musste zurück ins Internat. Obwohl in fünf Tagen die langen Ferien begannen, hatte er noch Hausaufgaben zu erledigen. Da kannten seine Lehrer keine Gnade, sie unterrichteten bis zur letzten Schulminute. Er beeilte sich, trotzdem warf er noch einen Blick hoch zum Palast, der über der Stadt thronte. In ihm lebte früher die königliche Familie. Wegen der Hausaufgaben verzichtete Lobsang heute darauf, durch die Main Bazaar Road zu schlendern, die Geschäftsstraße von Leh mit ihren Reisebüros, Schmuckgeschäften und Gemüseständen. Ganz besonders liebte er das Geschäft mit den Aprikosen. Aprikosen, seine absolute Lieblingsspeise, waren für ihn purer Luxus. Die Früchte kosteten viel, viel zu viel für einen Jungen aus Zangla. Die Leute aus dem Zanskar-Gebiet waren arme Bauern, auch Lobsangs Familie hatte nicht viel Geld und kam gerade über die Runden. Der Junge konnte nur durch Spenden zur Schule gehen. Irgendwo auf der Welt gab es Menschen, die Geld gaben, damit er und die anderen Kinder das Internat besuchen konnten. Zu gerne würde sich Lobsang bei ihnen bedanken.

Der Junge bog direkt ein in die verwinkelten Gassen der Altstadt mit ihren Flachdachhäusern. Eine alte Frau fütterte ein Schaf. Er hörte Hämmern und Sägen. Es duftete nach frisch gebackenem Brot. Die bunten Gebetsfahnen flatterten im Wind.

Kaum hatte er das Internat betreten, kam ihm seine Lehrerin, Frau Norbu, entgegen: „Ich habe eine Nachricht für dich, Lobsang. Vor einer Stunde war ein Bote aus deinem Dorf hier. Er war auf dem Chadar unterwegs. Er sagte, dass dein Vater sich zu Hause den Arm gebrochen hat. Er kann dich dieses Mal leider nicht abholen, mit dem kaputten Arm schafft er den gefährlichen Weg nicht. Du musst die Ferien im Internat verbringen."
Lobsang schaute zu Boden, damit Frau Norbu seine Tränen nicht sehen konnte. Doch die Lehrerin wusste, wie sich Lobsang fühlte, sie wusste, wie sehr er sich auf die Ferien gefreut hatte. Obwohl Lobsang meist schweigsam war, hatte er immer wieder von seinem Geschwisterchen erzählt, das er nun endlich bekommen hatte.
„Wir machen es uns hier schön. Wir spielen und basteln", versuchte Frau Norbu ihn zu trösten. Doch Lobsang stand mit hängendem Kopf da. Auf keinen Fall wollte er im Internat bleiben. So oft hatte ihn das Heimweh gequält. Immer wieder hatte er sich damit beruhigt, dass er die Winterferien in Zangla verbringen würde. Er hatte die Monate, die Wochen und dann die Tage gezählt. Auch wenn er Angst vor dem Weg hatte, wollte er unbedingt zu seiner Familie. Er konnte nicht hierbleiben! Betrübt trottete er in sein Zimmer, das er mit 15 anderen Jungs teilte. Er warf sich auf sein Bett, sodass das Bettgestell quietschte. Dann starrte er zur Decke, als gäbe es dort eine Lösung. Sagte nicht Frau Norbu immer, dass es für alles eine Lösung gab? Aber Hierbleiben war keine Lösung. Was konnte also die Lösung

sein? Er klatschte sich auf die roten Wangen, dann fuhr er sich wieder und wieder über seine kurzen schwarzen Stoppelhaare, dann biss er sich auf seine rissigen Lippen. Dies alles sollte ihm beim Nachdenken helfen, aber eine zündende Idee kam ihm trotzdem nicht.

Dagegen war da ein sehr unangenehmer Gedanke: Was, wenn die Dämonen eine gute Lösung bekämpften? Vor Dämonen hatte Lobsang Angst. Alle, die er kannte, hatten Angst vor Dämonen. Auch seine Eltern. Alle in Zangla und im Internat. Nur bei Frau Norbu war er sich nicht sicher.

„Hast du die Englischaufgaben schon gemacht?" Tenzin, der drei Betten weiter schlief, setzte sich zu Lobsang aufs Bett. Der wischte sich schnell die Tränen weg.

Tenzin hatte sie dennoch gesehen. „Englisch ist nicht das Problem, oder?", fragte er vorsichtig.

„Englisch nicht", bekräftigte Lobsang und zog die Nase hoch. Er mochte Tenzin, von dem er wusste, dass auch er manchmal Heimweh hatte. Schon öfter hatte er ihn nachts weinen hören. Dann, wenn auch ihn das Heimweh nicht schlafen ließ. Darum erzählte er seinem Klassenkameraden von der schlechten Nachricht.

„Hast du keinen Onkel? – Mich hat schon mal mein Onkel abgeholt", meinte Tenzin.

Lobsang schüttelte den Kopf. Er hatte keinen Onkel mehr in Zangla. Einer seiner Onkel war von einer Lawine getötet worden, der andere hatte es in Zangla nicht mehr ausgehalten. Er war nach Kathmandu gegangen, um in der Hauptstadt Nepals sein Glück zu machen. Lobsang wusste, dass der Onkel dort einen Laden für gebrauchte Handys hatte. Moment mal, hatte Tenzin gerade gesagt: Mich hat schon mal mein Onkel geholt? Hatte er das gesagt? „Du kommst aus Lingshed, stimmt's? Du musst auch über den Fluss", fragte Lobsang.

„Und du kommst aus Zangla", sagte Tenzin. „Das ist noch weiter als Lingshed."

„Zwei Tage mehr, vielleicht auch drei", meinte Lobsang und überlegte, ob sich da nicht etwas machen ließe.

Beide schwiegen eine Weile, dann hob Tenzin sein Englischheft hoch. „Können wir's zusammen machen? Ich kapiere die Aufgaben nicht."

Sie gingen ins Klassenzimmer, den einzigen Ort, an dem sie ihre Hausaufgaben erledigen konnten. Und den einzigen Platz im Internat, an dem es ein Öfchen gab. Weder im Schlafsaal noch im Esssaal noch im Waschraum wurde geheizt. Natürlich gab es auch kein warmes Wasser. Aber wer wollte sich bei der Kälte schon ausgiebig waschen? Lobsang jedenfalls nicht.

Dolma, die eigentlich ein Jahr jünger war als Tenzin und Lobsang, aber trotzdem in dieselbe Klasse ging, hatte es sich im Klassenzimmer bequem gemacht. Sie war clever, freundlich und bei allen beliebt. Aber sie war schrecklich unordentlich. Frau Norbu hatte ihre liebe Mühe mit Dolma: Sie machte das Bett nicht so, wie es die Schüler machen sollten. Nämlich das Laken ganz glatt streichen und die Decke Falte auf Falte legen und dann auch glatt streichen.

Dolmas Laken war nie glatt, und ihre Decke hing kreuz und quer überm Bett. Dabei gab sie sich Mühe, aber bei solchen Sachen war sie einfach ungeschickt. Nun hatte sie sich über zwei Tische ausgebreitet, ihre dunkelrote wattierte Jacke hing schräg über dem Stuhl und würde jeden Moment auf den Boden rutschen. Ihre geflochtenen Zöpfe waren ein vollkommenes Durcheinander. All das interessierte Dolma nicht so sehr wie die Englischaufgabe. Sie liebte Englisch und Mathe und Buddhismus und Erdkunde, ach, sie liebte einfach alle Schulfächer.

„Wer holt dich ab?“, fragte sie Lobsang zur Begrüßung. Damit hatte sie gleich den wunden Punkt getroffen.

„Er wird nicht abgeholt“, antwortete Tenzin für ihn.

„Ach, wie doof!“ Nach einer Weile fügte sie hinzu: „Bis Lingshed könntest du mit uns kommen. Tenzin, Nyma und ich werden von unseren Vätern abgeholt. Wahrscheinlich hätten sie nichts dagegen. Könnte allerdings sein, dass dich keiner unserer Väter huckepack nimmt, wenn man durchs eiskalte Wasser waten muss.“

„Ich bin schon groß, ich schaffe das allein“, sagte Lobsang sofort, obwohl er Angst vor dem Wasser hatte und erst recht vor der Kälte. Aber Dolmas Angebot könnte die Lösung sein.

„Wie willst du denn von Lingshed nach Zangla kommen? Das schaffst du nicht allein“, gab Tenzin zu bedenken. „Viel zu gefährlich. Ich glaube nicht, dass mein Vater dich mitnimmt, wenn er nicht weiß, wie du nach Zangla kommen sollst. Allein – das kann dein Tod sein.“

„Ach, Tenzin ist immer so ein Schwarzmaler“, entgegnete Dolma. Dann ahmte sie Frau Norbus Stimme nach: „Da wird sich schon eine Lösung finden …“ Grinsend ergänzten Lobsang und Tenzin den Lieblingssatz der Lehrerin: „… es gibt für alles eine Lösung.“
„Auch für die Dämonen?“ Lobsang war skeptisch. Doch Dolma hatte einen unerschütterlichen Optimismus. „Dämonen kann man vertreiben oder besiegen. Füttere sie, dann geben sie sich zufrieden.“ Als sie Lobsangs fragendes Gesicht sah, fuhr sie fort. „Füttere sie mit ein bisschen Reis. Oder Buttertee. Wenn sie satt sind, lassen sie dich in Ruhe.“
So richtig überzeugen konnte sie Lobsang damit nicht. Der Schalk blitzte aus ihren Augen, als sie zu erzählen begann: „Tok, tok, tok, steigt der Berggeist zusammen mit den Dämonen von den Gipfeln herab. Mit einem langen, schweren Stock schlägt der Berggeist unentwegt auf Stein und Eis. Tok, tok, tok. Mit seiner wirren, zotteligen Mähne sieht er Furcht erregend aus. Sein Gesicht ist mit tiefen Narben übersät. Er schleift das linke Bein hinter sich her. Tok, tok, tok.“
Lobsang und Tenzin liebten Dolmas Geschichten, ein wohliger Gruselschauer lief über ihren Rücken. Dolma war eine begeisterte Geschichtenerzählerin.
„Der Berggeist braucht ein Opfer. Das musste er den schwarzen Dämonen versprechen, damit sie ihn aus der Gefangenschaft in der engen, kalten Felshöhle entließen. Tok, tok, tok, der Berggeist sucht, aber nicht irgendjemand wird sein Opfer sein. Der Berggeist sucht jemand Bestimm-

tes. Tok, tok, tok. Gleich ist er bei uns, dann wird das Grauen zur Gewissheit …"
Tenzin hatte die Hände vors Gesicht geschlagen. Lobsang hielt den Atem an.
„Jetzt hör auf, Dolma", unterbrach sie Frau Norbu, die nicht wusste, ob sie lachen oder schimpfen sollte. „Solch alberne Berggeister, die so einen Krach machen, gibt es überhaupt nicht."
Dolma grinste die Lehrerin vielsagend an. „Wer weiß das schon, Frau Norbu? Wer weiß das schon?"
Lobsang und Tenzin versuchten ebenfalls zu grinsen.
Als die Lehrerin gegangen war, drückte Dolma Lobsang etwas in die Hand: „Für dich. Es wird dich vor Berggeistern und Dämonen schützen."
Ein Amulett. An einem dünnen roten Stoffband baumelte ein silbern glänzender Anhänger. Darauf war ein kleiner Vogel mit langem, spitzem Schnabel zu erkennen. Seltsam, der Vogel hatte eine Beule auf der Stirn, nein, es war vielmehr ein Horn, wie bei einem Nashorn. Der Vogel sah verwunderlich aus, angriffsbereit, aber auch freundlich und lustig.
„Mich hat das Amulett immer beschützt, jetzt soll es dir Schutz geben", sagte Dolma. Wie so oft wusste Lobsang nicht, ob Dolma Spaß machte oder es ernst meinte.
„Aber du brauchst doch auch ein Amulett", antwortete Lobsang.
„Auf dem Chadar wird mich mein Vater beschützen", sagte Dolma voller Überzeugung, „und nach den Ferien gibst

du es mir zurück." Das war ernst gemeint, das mochte Lobsang.
„Abgemacht."

Wie Tenzin vorhergesagt hatte, war sein Vater dagegen, Lobsang mitzunehmen. Doch Nymas und Dolmas Väter hatten ihn überstimmt. „Zur Not, wenn alle anderen Möglichkeiten scheitern, dann verbringt der Junge die Ferien bei uns in Lingshed", sagte Dolmas Vater, der genauso optimistisch zu sein schien wie seine Tochter.
Vor Freude machte Lobsang einen Luftsprung, dann rannte er zu seinem Spind. Packen. So wenig wie möglich würde er mitnehmen, aber die Isomatte und der Schlafsack mussten sein. Und Gerstenmehl, damit er sich unterwegs einen Brei kochen konnte, und Butter für den Buttertee. Ein zweites Paar Stiefel musste auch mit, damit er wechseln konnte, wenn ein Paar nass wurde. Außerdem hatte er für seine Familie eine Thermoskanne gekauft. Die hatte sich seine Mutter so lange gewünscht. Und für das Baby hatte er eine kleine bunte Rassel besorgt. Um die beiden Geschenke bezahlen zu können, hatte er in seiner Freizeit im Laden von Herrn Deepak Regale aufgefüllt.

Ganz früh am nächsten Morgen ging es los. Das Thermometer zeigte minus 20 Grad. Lobsang hatte zwei Paar Socken an, eine Unterhose, eine lange Unterhose und eine dicke Hose. Er hängte das Amulett um den Hals, dann zog er ein langärmeliges Unterhemd, zwei warme Pullover

und seine dicke braune Winterjacke an. Zum Schluss noch einen roten Schal und eine dunkelblaue Pudelmütze. Den Schal hatte er bis über die Nase gezogen.
In der Nacht hatte Lobsang schlecht geschlafen. Und schlecht geträumt. Von Berggeistern und Dämonen, die ihn nicht auf den Chadar lassen wollten. Immer wenn er einen Schritt aufs Eis wagte, schnappten die Dämonen ihn mit ihren langen Krallen und zogen ihn zurück. Lobsang biss und wand sich, bis er sich aus den Krallen befreien konnte. Sofort wagte er wieder einen Schritt aufs Eis. Sofort kamen die Krallen wieder, die ihn am Kragen packten und gegen den Fels warfen. Doch er gab nicht auf. Irgendwann war er schneller als die Dämonen und schaffte es aufs Eis. Er hörte, wie sie sich mit ihren hohen, fiepsigen Stimmen ärgerten. Gleich darauf ertönte tiefes Gelächter, wie Donnergrollen. Das Gelächter war so laut, dass es durch die ganze Schlucht dröhnte, sogar das Eis bekam Risse. Lobsang rannte. Dann rutschte er aus und schlitterte auf dem Eis. Er fand keinen Halt, schlitterte immer weiter, direkt auf ein großes Loch zu. Er riss die Augen auf, hörte das wilde Rauschen des Wassers und das Gelächter der Dämonen. Dann wachte er auf. Keuchend, schwitzend – aber erleichtert, dass dies nur ein Traum gewesen war.

Sie gingen schnell, anfangs noch auf der neuen, unfertigen Straße. An deren Ende führte ein kleiner, staubiger Pfad hinunter. Dann mussten sie über Felsen klettern, bis die siebenköpfige Gruppe die Schlucht des Chadar erreicht hatte.

In der Mitte der Schlucht schoss das Wasser mit hoher Geschwindigkeit vorbei. Der Fluss war wild, tückisch und unberechenbar. Ein falscher Schritt, und sie würden im eiskalten Wasser ertrinken oder nach ein paar Sekunden in den Fluten erfrieren. Am Rand der Schlucht gab es eine Eisdecke, mal war sie viele Meter breit, mal war sie ganz schmal. Manchmal lag eine dünne Schneedecke überm Eis. Dann waren Spuren zu sehen. Dolmas Vater ging voran. Mit einem Stock testete er die Eisdicke. Tok, tok, tok.
„Klingt wie der Berggeist", sagte Dolma kichernd. Sie schien die Einzige zu sein, der es nicht die Sprache verschlagen hatte.
Hinter Dolma marschierte Tenzin, dann sein Vater, dahinter kam Nyma, dann Lobsang, den Schluss bildete Nymas Vater.

„Wir müssen genau schauen, wohin wir unsere Füße setzen. Ein falscher Tritt, und wir fallen in den reißenden, eiskalten Fluss", ermahnte Dolmas Vater alle, um auf Nummer sicher zu gehen. Natürlich wusste er, dass alle schon mehrmals auf dem Chadar unterwegs gewesen waren.
Dolmas Vater konnte das Eis gut einschätzen. Zwei, drei Tok-Toks, und ihm war klar, wohin er seinen Fuß setzen musste. Dolma setzte ihren Fuß an genau dieselbe Stelle, danach Tenzin und die ganze Gruppe. Alle waren auf der spiegelglatten Oberfläche hellwach, alle horchten aufmerksam, wie das Eis unter ihren Fußtritten klang. Niemand sprach, keiner hatte Augen für die Schönheit der

Natur. Jeder starrte nur auf seinen Vordermann und auf das Eis.
Sie marschierten zwei Meter vom Ufer entfernt. Lobsang hielt die Luft an. Unter dem Eis, auf das er trat, sah er das Wasser fließen. Das Eis sah zerbrechlich wie Glas aus. Normalerweise hätte er keinen Schritt darauf gewagt, aber er vertraute Dolmas Vater. Er hörte das Fließen und Gurgeln unter sich, spürte das Pulsieren und die Kraft des Flusses. Lobsang spürte auch, wie sich die Angst in ihm ausbreitete. Aber er durfte keine Angst haben. Die Angst sorgte dafür, dass er unsicher wurde, zögerte, zu lange überlegte. Genau das Gegenteil war auf dem Chadar gefragt: Schnelligkeit und sichere Schritte.
Irgendwie musste er die Angst vertreiben. Vielleicht würde es mit guten Gedanken gehen? Er stellte sich die überraschten Gesichter seiner Eltern vor, wenn er plötzlich in der Tür stehen würde. Sie würden verblüfft, vielleicht sogar sprachlos sein. Schließlich hatten sie keine Ahnung, dass sich ihr Sohn auf den gefährlichen Schulweg gemacht hatte. Das war auch gut so, denn sonst würden sie sich furchtbare Sorgen machen.
Er dachte an Lele, das Baby, und wie es ihn zur Begrüßung anlächeln würde. Lobsang hatte keine Ahnung, wie sein Geschwisterchen heißen könnte, darum nannte er es in seinen Gedanken einfach „Lele“. Das hieß nichts anderes als Baby. Wahrscheinlich stand ein Name auch noch nicht fest. Denn alle Eltern im Zanskar warteten ein paar Monate, bis ihr Lele einen Namen bekam.

„Du musst aufschließen, Lobsang." Die Ermahnung von Nymas Vater riss ihn aus seinen schönen Gedanken. Dadurch hatte er zwar die Angst vertrieben, war aber auch mehrere Meter hinter Nyma und die anderen zurückgefallen. Zum Glück hatte sich das Eis auf den letzten Metern verändert. Nun schien es so dick und sicher wie eine Schlittschuhbahn. Lobsang wollte Anlauf nehmen, um ein paar Meter zu rennen und aufzuholen. Doch er hatte nicht mit dem Rucksack gerechnet. Sein Gewicht zog ihn nach hinten. Er verlor das Gleichgewicht, rutschte aus und lag auf dem Eis.

Nyma drehte sich um und grinste, sein Vater half Lobsang auf und tätschelte kurz seine Schulter. Die anderen schauten sich nur kurz um; als sie sahen, dass alles in Ordnung war, gingen sie weiter. Nur Dolma kicherte und bemerkte: „Eislaufen ist wohl kein Sport für dich." Sie hob die Arme und winkelte ein Bein an, um eine elegante Position wie eine Eisläuferin einzunehmen. Doch von elegant keine Spur. Dolma schwankte und landete ebenfalls auf dem Hosenboden. „Eislaufen ist wohl kein Sport für dich", lachte Lobsang. Die anderen fielen in sein Gelächter ein. Was für eine Wohltat nach der Anspannung der ersten Stunden auf dem Eis. Übermütig schlitterten nun alle auf der dicken Eisschicht herum. Aber nur ein paar Minuten, dann mahnte Dolmas Vater wieder zum Weitergehen.

Die Sonne strahlte die Gipfel der umliegenden Berge an, aber in die Schlucht drangen die wärmenden Strahlen nicht. Die steilen, fast senkrechten Felswände, die bis zu 500 Meter aufragten, schirmten sie ab. Die Gruppe war bereits fünf Stunden unterwegs. Lobsang hatte Hunger und Durst. Der Rucksack wurde von Meter zu Meter schwerer. Nun kam auch noch Wind auf, doch er klagte weder über die eisige Kälte noch über die Länge der Etappe. Keines der Kinder klagte.

„Es ist nicht mehr weit“, munterte Dolmas Vater die kleine Karawane auf. Alle wollten ihm glauben und legten noch einen Schritt zu. Hoffentlich würden sich dadurch seine eiskalten Füße etwas aufwärmen, wünschte Lobsang. Er hatte das Gefühl, Eiszapfen hingen an seinen Füßen. Am liebsten hätte er noch das zweite Paar Schuhe angezogen. Natürlich wusste er, dass das Blödsinn war, aber irgendwie musste er die eiszapfenkalten Füße wieder warm kriegen.

Wahrscheinlich war es wirklich nicht allzu weit bis zu ihrem Übernachtungsplatz. Tok. Tok. Tok. Dolmas Vater prüfte das Eis. Tok. Tok. „Hier ist das Eis brüchig. Weitergehen ist zu gefährlich“, warnte er. Das Eis klirrte und knackte, es würde nicht halten. Darum schaute er zur Felswand. Alle folgten seinem Blick.

„O nein, bitte nicht“, flehte Lobsang wortlos. „Bitte nicht die Felswand hochklettern!“ Das würde ewig dauern. Außerdem war er viel zu müde zum Klettern, dazu kam noch der Rucksack. Wie sollte er damit die steile Felswand hochkommen? Doch Lobsang schwieg. Dolmas Vater war der Anführer. Er und die Männer hatten viel Erfahrung, sie

waren den Chadar schon viele Male gegangen. Sie wussten, was richtig war.
„Nehmt eure Schals ab und bindet sie euch unterhalb der Achseln um die Brust“, forderte Dolmas Vater sie auf. Als die Kinder damit fertig waren, kletterte der Anführer voran. Ohne Seil, das hatte niemand dabei, weil ein Seil zu viel wog. Das Gewicht hätte niemand mitschleppen wollen. Dolmas Vater kletterte langsam, sodass Dolma und Tenzin ihm gleich folgen konnten. Er zeigte ihnen, wo sie die besten Griffe fanden. Tenzins Vater sah besorgt zu seinem Sohn und kletterte gleich hinterher. Es gab da eine Stelle mit einem Tritt für den Fuß, der sehr klein war. Dolma war gerade an der Stelle. Lobsang sah, dass sie an dem schmalen Tritt zu wenig Schwung holen konnte, um sich ein Stück höher zu hieven.
„Den Schal“, sagte ihr Vater nur und bückte sich, um die Enden zu schnappen. Dann zog er seine Tochter über die schmale Stelle. Noch ehe Lobsang darüber nachdenken konnte, ob ihn jemand hochziehen würde, stupste ihn Nymas Vater an. Lobsang wollte losklettern, doch Nymas Vater hielt ihn zurück. „Zieh deine Handschuhe aus, dann kannst du besser greifen.“
Der Fels war eiskalt. Lobsang hatte das Gefühl, seine Finger würden daran festfrieren. Er erinnerte sich an die Tipps, die ihm sein eigener Vater gegeben hatte, als er das erste Mal auf der gefrorenen Platte klettern musste: „Du musst immer drei Haltepunkte haben“, hatte er gesagt. „Entweder müssen deine beiden Füße und eine Hand guten Halt ha-

ben. Oder beide Hände und ein Fuß. Wenn du immer drei Haltepunkte hast, dann kann dir nichts passieren.“
Für die Winzigkeit von zwei Wimpernschlägen schloss er die Augen und sah seinen lächelnden Vater vor sich. Dann atmete er tief aus und ein und suchte sich zwei gute Griffe für seine Hände und einen Stand für sein Bein. Er dachte nicht mehr an seine kalten Finger und auch nicht an den schweren Rucksack, er dachte nur an den nächsten Griff.
Schon war er an der Stelle mit dem zu kleinen Tritt. Er wollte es unbedingt schaffen und hievte sich mit Kraft nach oben. Doch der Rucksack zog ihn nach unten. Er versuchte es noch einmal, wieder ohne Erfolg. Tenzins Vater wollte nach Lobsangs Schal greifen, doch der Mann stand etwas ungeschickt, sodass er nicht an die Schalenden kam. Lobsang hätte sie ihm zwar geben können, doch dafür hätte er eine Hand vom Griff nehmen müssen. Damit hätte er nur zwei statt drei Haltepunkte gehabt. Nein, das Risiko war zu groß. Er versuchte es noch einmal mit Hieven. Doch nach den Strapazen des Tages reichte seine Kraft nicht aus. Es kam ihm vor, als säßen mindestens zehn Dämonen auf seinem Rucksack und freuten sich, dass er nicht weiterkam. Was sollte er tun? Doch eine Hand loslassen? Lobsang schaute hinunter zum Chadar. Vielleicht fünf Meter unter ihm war die brüchige Eisdecke. Falls er abstürzte, würde er bestimmt durchs Eis brechen. Das wäre sein sicherer Tod. Er mobilisierte noch einmal alle Kräfte, doch die Dämonen waren zu schwer. Er spürte, wie sich etwas um seinen Fuß legte. Waren dies die Krallen der Dämonen? Waren

die denn überall? Lobsang spürte wieder Angst in sich aufsteigen.
„Ich halte deinen Fuß mit meinen Händen. Dann kannst du nicht abrutschen“, sagte Nymas Vater. „Sobald du weiter oben sicher stehen kannst, wartest du.“
Erleichtert versuchte es Lobsang noch einmal. Zwei starke Hände unterstützten seinen Tritt und gaben ihm Schwung, sodass er es sogar mit Rucksack zum nächsten Haltegriff schaffte. Als er sicheren Stand hatte, spürte er, wie seine Knie zitterten. Gleich darauf war Nymas Vater bei ihm. „Gib mir deinen Rucksack“, forderte er Lobsang auf. Zwar trug der Mann schon einen Rucksack, nun trug er eben zwei. Ohne Rucksack konnte Lobsang den anderen leicht folgen. Nachdem er um eine Ecke gebogen war, sah er, dass Dolma und Tenzin bereits abwärtskletterten, er hatte also den höchsten Punkt der Kletterei erreicht. „Zum Glück geht's wieder hinunter“, dachte Lobsang. Doch schon nach einer Minute stellte er fest, dass dies noch schwerer war, als bergauf zu klettern.
Später hätte er nicht mehr sagen können, wie er die Kletterei geschafft hatte. Vielleicht weil freundliche, wohlmeinende Götter mit ihm geklettert waren?

Eine halbe Stunde später hockten die vier Kinder völlig erledigt in einer kleinen Höhle. Hier würden sie die Nacht verbringen. Die Väter waren noch einmal losgegangen, um Feuerholz zu suchen und Wasser für den Tee zu holen. Dolma und die anderen bibberten vor Kälte. Sie setzten sich auf ihre Isomatten und zogen die Schlafsäcke aus den Rucksäcken. Alle rückten so nah wie möglich zusammen, um sich gegenseitig zu wärmen. Die vier Schlafsäcke, die sie sich über den Rücken gelegt hatten, halfen zusätzlich.

„Was gefällt euch?“, fragte Dolma, um alle vom Frieren abzulenken.

„Mir gefallen Yaks. Ich freue mich schon sehr auf unsere beiden Yaks“, sagte der Tierfreund Tenzin.

„Wieso Yaks?“, wollte Lobsang wissen. Er fand die Tiere mit ihrem schwarzen zotteligen Fell und ihren langen Hörnern immer ein bisschen bedrohlich.

„Yaks sind fantastische Tiere“, meinte Tenzin. „Sie sind stark und können jede Menge Lasten schleppen. Die Yakkühe geben Milch, die zu Butter, Käse und Joghurt verarbeitet wird. Ich liebe Joghurt. Und auch Butter, nicht nur für den Buttertee. Mit Butter reiben wir immer unsere Jacken ein, weshalb sie fast kein Wasser durchlassen. Dann kann man auf Yaks prima reiten. Und aus ihrem Zottelhaar werden Seile, Säcke und manchmal sogar Zelte gemacht. Yaks braucht man einfach für alles.“

„Sogar ihr Mist ist nützlich“, fügte Dolma hinzu. Alle nickten, denn in ihren Dörfern sammelten alle Yakmist. Der wurde getrocknet, bevor man ihn zum Feuermachen verwendete. Gutes Feuerholz war in Lingshed oder Zangla und der ganzen Region Mangelware.

„Yaks sind wirklich nicht schlecht“, murmelte Nyma vor sich hin.

„Was gefällt dir, Nyma?“, fragte Dolma. Doch der Junge

gab keine Antwort. Genau in diesem Moment war er vor Erschöpfung eingeschlafen.

„Mir gefallen Straßen", antwortete Lobsang stattdessen. „Straßen verbinden Menschen, Straßen machen das Leben leichter und sicherer. Ich freue mich so darauf, wenn die Straße von Leh bis Zangla irgendwann fertig ist. Dann müssen wir nicht mehr auf dem Chadar unterwegs sein." Alle nickten, Straßen waren gut. Lobsang fügte hinzu: „Wenn ich groß bin, werde ich Straßen und Brücken bauen. Ich möchte, dass Menschen problemlos zueinanderkommen können."

Die Väter kamen zurück, sie hatten Lobsangs Worte gehört. Während Nymas Vater das Feuer entfachte, erzählte er: „Es gibt schon eine Straße nach Padum. Als sich damals herumgesprochen hatte, dass der erste Lastwagen in Padum angekommen war, kamen einige Bauern von den Bergen herab und brachten Heu. Sie waren der Meinung, dass ein so großes Tier wie ein Lastwagen sicherlich Hunger haben würde."

Lobsang kicherte: „Sie dachten wirklich, dass der Lastwagen ein Tier ist?"

„Sie hatten noch nie eine fahrende Maschine gesehen. Woher sollten sie das wissen? Die Bauern kannten ihre Felder mit der Gerste, den Wind und den Schnee, aber woher sollten sie Lastwagen oder Autos kennen?"

Als das Feuer loderte, wurde es in der Höhle ein bisschen wärmer. Lobsang, der immer noch eiszapfenkalte Füße hat-

te, zog seine Schuhe aus und hielt die Füße ganz dicht ans Feuer. Tenzin und Dolma streckten ihre kalten Hände den Flammen entgegen.
Die Väter kümmerten sich ums Essen. Erst gab es den stärkenden Buttertee. Buttertee war Schwarztee mit viel Yakbutter und einigen Löffeln Salz. Alle holten ihre Blechnäpfe aus den Rucksäcken und genossen den Tee. Selbst Nyma, der sachte von seinem Vater geweckt worden war. Herrlich, wie der heiße Tee wärmte. Durch das Feuer und den Tee wurden sogar Lobsangs Füße etwas wärmer. Sofort kroch er in seinen Schlafsack, vielleicht blieben sie dann warm.
Lobsang kramte nach dem Tsampa in seinem Rucksack und füllte eine gute Menge von dem gerösteten Gerstenmehl in seine Essschüssel. Tenzins Vater goss Buttertee darüber, sodass eine Art Brei entstand. Lobsang fuhr sich mit der Zunge über die Lippen. Er wartete noch einen Moment, bis der heiße Brei etwas abgekühlt war, dann griff er in den Blechnapf und futterte den Brei mit den Händen. Anschließend gönnte er sich noch eine zweite Portion. Kurz dachte er daran, auch die Dämonen zu füttern, indem er einen Klecks Brei auf den Felsen legte. Doch er war viel zu hungrig. Nicht ein Krümelchen blieb für die Dämonen übrig.
Die Müdigkeit kam mit Macht, sie ließ sich durch nichts aufhalten. Lobsang behielt alle Kleider, auch seine Jacke, an; er schlüpfte sogar wieder in die Schuhe. Dann kroch er so weit wie möglich in den Schlafsack, sodass nur noch der Bommel seiner Mütze herauslugte – und schon war er eingeschlafen.

In der Nacht wachte Lobsang vor Kälte auf. Das Feuer war ausgegangen, und er fror jämmerlich. Er knetete seine Hände, strampelte mit den Beinen – so gut es im Schlafsack eben ging, doch kalt war ihm immer noch. Er überlegte, wie es im letzten Jahr war, als ihn sein Vater abgeholt hatte. Auch damals waren die Nächte am Chadar entsetzlich kalt gewesen, aber damals war er zu seinem Vater gekrochen, hatte sich so eng wie möglich an ihn gekuschelt. Vielleicht schenkte ihm die Nähe zu seinem Vater damals nur ein bisschen wirkliche Wärme. Auf jeden Fall gab sie ihm Geborgenheit und Zuversicht, und das wärmte auch irgendwie. Lobsang brauchte Nähe, deshalb kroch er mit Isomatte und Schlafsack ganz nah an die Person, die neben ihm lag. War es Nymas Vater? Oder Tenzin? Oder Dolma? Lobsang konnte sich nicht daran erinnern, wer neben ihm gesessen hatte, bevor er eingeschlafen war. Aber die regelmäßigen Atemzüge des anderen beruhigten ihn.

Er dachte an seine Eltern und an Lele. Allein wegen Lele lohnte sich der gefährliche Schulweg. Er verbot sich, daran zu denken, dass er bisher nur wusste, wie er nach Lingshed kam. Stattdessen malte er sich das Wiedersehen mit seiner Familie aus. Wie sie alle zusammen um das warme Feuer saßen. Im Hintergrund ertönte Frau Norbus Spruch: Es gibt für alles eine Lösung.

„Lobsang, steh auf!" Dolma war bereits aus ihrem Schlafsack gekrochen und hüpfte am Feuer herum, um sich zu wärmen. Tenzins Vater hatte heißen Tee gemacht. Sofort war Lobsang hellwach, schüttete etwas Tsampa in seinen

Blechnapf. Als der heiße Tee darübergegossen wurde, sah Lobsang, dass Nyma gerade erst aufwachte.

Als sie zehn Minuten später die Höhle verließen, traf sie die Kälte in der Schlucht wie ein Hieb. Trotzdem war Lobsang froh, sich bewegen zu können, denn die Bewegung wärmte ein bisschen. Obwohl es so bibberkalt war, war der Chadar nicht ganz zugefroren. Ganz im Gegenteil. Nach einer halben Stunde Marsch war nur eine vielleicht ein Meter schmale Eisschicht am Ufer zu sehen. Gleich nach der schmalen Eisschicht kam schon das reißende, eiskalte Flusswasser. Automatisch gingen alle Blicke nach oben. Doch die Felswand war hier so steil, dass Klettern unmöglich war.

Tok. Tok. Tok. „Das Eis scheint gut zu sein. Es wird euch halten“, sagte Dolmas Vater. „Ihr müsst euch aber aufs Eis legen und auf allen vieren kriechen. Das ist sicherer. – Wer geht als Erstes?“

Keiner meldete sich, denn alle hatten Angst. Zwar waren nur zehn, zwölf Meter zu kriechen, aber das Wasser war so nah, und das laute Rauschen des Flusses klang so bedrohlich. Kurz flackerte bei Lobsang der Gedanke auf: „Wieso geht keiner der Männer als Erster?“ Aber er fragte nicht. Die Männer würden schon wissen, was sie taten.

„Einer muss der Erste sein“, sagte Lobsang zu sich selbst. Sein Herz hämmerte wie verrückt, als er Dolmas Vater zunickte. Was, wenn er zu schwer für das Eis war? Er war der Größte in seiner Klasse, außerdem hatte er noch den

Rucksack auf dem Rücken. Was, wenn die Dämonen nicht wollten, dass er über das schmale Eis kroch? Was, wenn die Dämonen mit ihren langen Krallen … Warum hatte er heute Morgen die Dämonen nicht gefüttert? Um die Gedanken abzuschütteln, zwang sich Lobsang, an Lele zu denken. Und an Brücken. Und an seine Eltern. Und an das Amulett, das um seinen Hals baumelte.

„Los", kommandierte Dolmas Vater sanft.

Lobsang atmete hörbar aus. Seine Knie und auch die Arme zitterten, als er aufs Eis glitt. Er lag nur zwei, drei Zentimeter oberhalb der gurgelnden Wasseroberfläche. War das Gurgeln die Musik der Dämonen?

„Wie in einem gläsernen Sarg erstarrt alles Leben in den Fluten", schoss es ihm durch den Kopf. Er zwang sich, nicht nach links, zum Wasser, sondern geradeaus zu schauen. Lobsang nahm die dicke Eisfläche ins Visier. Das war sein Ziel. Dort warteten Sicherheit und Stabilität. Wasser schwappte aufs Eis, nicht viel, aber es genügte, um seine Hände fast erfrieren zu lassen. Lobsang erstarrte, er konnte nicht weiterkriechen.

„Beeil dich", hörte er Dolmas Vater.

Lobsang wusste, dass er nicht auf der Eisplatte liegen bleiben konnte. Er bewegte seine eisigen Hände nach vorne, drückte sich dann mit den Schuhspitzen ab, sein ganzer Körper rutschte ein paar Zentimeter nach vorne. Er hörte ein Knacken. Würde das Eis halten?

„Gut so, weiter, weiter", munterten ihn die Männer auf.

Das Rauschen des Chadar übertönte nun fast alle anderen Geräusche. Weiterkriechen, weiter. Noch fünf Meter. Schneller. Weiter. Er zwang sich weiterhin, nach vorne und nicht zu den reißenden Fluten zu sehen. War das wieder ein Knacken? Noch vier Meter. Die breite, sichere Eisfläche war fast mit den Händen zu greifen. Aber seine Hände hatten kein Gefühl mehr. Noch drei Meter, dann konnte er wieder die Handschuhe überziehen. Das Eis war nun wieder so durchsichtig, dass er das ungezähmte Wasser unter sich sehen konnte. Wie dick war die Eisschicht? Oder wie dünn? Was war das? War das nicht die Fratze eines Dämons? Würden sie ihn jetzt holen? – „Weiter, ich muss weiter! Die Dämonen kriegen mich nicht. Noch zwei Meter. Weiter. Weiter." Mehr dachte er jetzt nicht. Weiter. Keine Dämonen. Noch ein Meter. Geschafft! Lobsang rappelte sich auf und winkte den anderen. Dann zog er seine Handschuhe an. Sein Herz wummerte. Sein Puls pochte gegen die Schläfen. Tenzin war der Nächste. Auch er blieb auf halber Strecke liegen.

„Weiter, du schaffst das!", brüllte Lobsang. Doch er wusste nicht, ob Tenzin ihn hören konnte. Tenzin lag immer noch auf dem Eis, unbeweglich wie ein Stein. Lobsang sah, wie eine Ladung Wasser in Tenzins Gesicht schwappte. Jetzt ging ein Ruck durch seinen Körper, und der Junge kroch los. Elegant wie eine Eidechse. Und schnell. Lobsang half ihm beim Aufstehen, dann hielten sie sich gegenseitig fest. Immer noch aneinandergeklammert, sahen sie zu, wie Dolma auf die Eisplatte glitt. Als wäre es das Normalste auf der Welt, kroch sie voran. Ohne Pause. Ohne Angst. Immer

weiter. Lobsang und Tenzin zogen sie auf die Füße. Erst jetzt sahen sie, dass Dolma Tränen über die Wangen liefen.
„Hatte ich Schiss. Hatte ich Schiss", sagte sie immer wieder.
„Das sah aber gar nicht so aus", meinte Lobsang.
„Keine Pause, keine Pause, hab ich mir eingetrichtert." Dolma redete wie ein Wasserfall. Die ungeheure Anspannung der letzten Minuten entlud sich bei ihr in einem Schwall von Wörtern.
Nyma lag bereits auf der Eisplatte. Er kroch ein Stück, nicht mehr als einen halben Meter. Dann begann er zu schreien.
„Die Dämonen meinen es nicht gut mit Nyma", meinte Dolma. Lobsang tastete nach dem Amulett, das um seinen Hals baumelte.
Nyma zitterte so stark, dass es die drei sehen konnten, obwohl sie einige Meter von ihm entfernt standen. Immer noch schreiend, kroch er wieder zurück. Sein Vater nahm ihn in die Arme und redete auf ihn ein. Nyma klammerte sich an ihm fest. Sein Vater wollte sich losmachen, doch Nyma klammerte weiter.
„Armer Nyma", meinte Tenzin. „Er hat panische Angst vorm Wasser. Er hält es nicht aus, so nah am Wasser zu sein."
Sie sahen, wie sich die Männer besprachen. Dann zogen sie ihre Stiefel und ihre Hosen aus. Tenzins Vater schulterte zusätzlich den Rucksack von Nymas Vater, denn dieser nahm seinen immer noch zitternden Sohn huckepack. Dolmas Vater ging mit dem Stock voran und prüfte die Wassertiefe. Vor Schmerz verzog er das Gesicht, als er

ins eiskalte Wasser stieg. Ein, zwei Sekunden lang setzte sein Herzschlag aus. Gleich hinter ihm stieg Nymas Vater mit seinem Sohn in den Fluss. Vor Kälte stieß der Vater einen spitzen Schrei aus. Nyma hatte sein Gesicht zwischen die Schulterblätter seines Vaters gelegt und die Augen geschlossen. Tenzins Vater brauchte zwei Anläufe, um ins Wasser zu steigen. Er wollte nicht in diese schreckliche Kälte. Bei jedem Atemzug pusteten die Männer laut aus. Das Pusten hallte von den Felswänden.

Für die Männer hatte von Anfang an festgestanden, dass sie nicht über die Eisplatte kriechen konnten. Die hielt gerade mal das Gewicht eines Kindes, aber beim Gewicht eines Mannes würde sie zusammenkrachen.

Die Väter atmeten so schnell aus, als würden sie dazwischen gar nicht einatmen. Mit nackten Füßen rannten sie über die dicke, schneebedeckte Eisfläche. Sie mussten sich bewegen, um wieder etwas Leben in ihre eiskalten Füße und Beine zu bekommen. Unterdessen stand Nyma mit hängendem Kopf da. Er schämte sich. Lobsang ging zu ihm. Er wusste nicht, was er Nyma sagen sollte, darum legte er einfach seine Hand auf Nymas Arm. Mit zusammengekniffenen Lippen hob Nyma den Kopf. Lobsang lächelte ihm aufmunternd zu. Peng – ein Schneeball landete auf Lobsangs Arm, gleich darauf flog einer in Nymas Richtung, verfehlte aber sein Ziel. Dolma und Tenzin grinsten. Bevor sie die nächsten Schneebälle werfen konnten, hatten sich Nyma und Lobsang gebückt. In Windeseile formten sie Schneebälle. Einer traf Dolma an ihrer Mütze. Ehe sie den

Schnee wegklopfen konnte, rutschte dieser in ihren Kragen und schmelzend den Rücken runter. Dolma verzog das Gesicht, dann revanchierte sie sich lachend mit einem platzierten Wurf auf Nymas Brustkorb. Der Schneeball zerbarst, sodass der Schnee in Nymas Gesicht spritzte. Tenzin freute sich darüber, bis ihn ein Schneeball in der Kniekehle traf. Sein Vater hatte ihn getroffen. Nun zielte jeder auf jeden, und wirklich alle bekamen – unter viel Gekicher und Lachen – eine Ladung Schnee ab.

Zwar hätten alle die Schneeballschlacht noch weiter genossen, doch keiner protestierte, als Dolmas Vater zum Aufbruch mahnte. Den restlichen Vormittag kamen sie gut voran. Das Eis war dick, sodass Lobsang manchmal auch den Blick heben konnte. Er sah einen großen, gefrorenen Wasserfall. Als wäre er mitten im Fließen gefroren, als hätte jemand die Zeit angehalten. Magische Kaskaden. Schön und majestätisch wie eine Skulptur hing der Eisfall in der Felswand.

Sie waren seit Stunden unterwegs, hatten keine einzige Pause gemacht. Von der trockenen Luft und der Anstrengung war Lobsang sehr durstig. Doch er traute sich nicht, etwas zu sagen, sondern ging Schritt für Schritt hinter Nyma her.

„Wenn wir weiter so gut vorankommen, schaffen wir es heute vielleicht noch bis Lingshed. Dann müssten wir nicht noch eine Nacht in einer Höhle schlafen“, meinte Tenzins Vater zuversichtlich.

Alle nickten begeistert, alle bis auf Lobsang. Er wusste nicht, ob er das gut finden sollte. Denn dann müsste er so langsam einen Plan haben, wie es weitergehen sollte. Er wollte auf keinen Fall in Lingshed bleiben, dann hätte er gleich in Leh bleiben können. Er wollte zu seiner Familie nach Zangla. Aber ginge das allein? Kannte er das Eis so gut, wie man es kennen musste, um zu überleben? Lobsang wollte die Frage nicht beantworten, insgeheim kannte er jedoch die Antwort.

Er war ganz in seine Gedanken vertieft. Darum stieß er mit Nyma zusammen, der abrupt gestoppt hatte. So wie alle, die vor Lobsang gingen. Denn Dolmas Vater war plötzlich stehen geblieben.

„Schlechtes Eis", sagte er nur und schaute sich nach einem anderen Weg um. Vor ihnen türmten sich hohe Eisschollen, die aussahen, als wären sie aufeinandergeflossen. Oder ineinandergekracht. Als hätte ein Riese – oder ein Dämon – sie erst hochgehoben und dann fallen gelassen. Aus der Eisfläche war ein unpassierbares Labyrinth geworden.

„Hoffentlich kommen wir am Rand vorbei", wünschte sich Lobsang schweigend. Der Rucksack drückte und wurde immer schwerer. „Hier kommen wir nicht durch. Wir müssen klettern", meinten die Väter einstimmig.

Am liebsten hätte sich Lobsang in die dünne Schneedecke auf dem Eis geworfen und wäre liegen geblieben. Er war müde. Er war durstig. Seine Lippen waren rissig. Er wollte nicht klettern. Aber er musste. Lobsang schwieg, schloss kurz die Augen und dachte an seine Familie und an die

Überraschung, wenn er vor ihnen stehen würde. Dann war er schon an der Reihe. Der Fels war brüchig, die Felskanten waren scharf, der Untergrund rutschig. Die ersten Meter waren die schlimmsten. Immerhin war es nicht so eine akrobatische Kletterei wie gestern, sondern eher ein Trampelpfad. Auf dem man allerdings höllisch aufpassen musste, um nicht auszurutschen. Immer höher hinauf führte der Pfad. Mit jedem Meter schwand die Chance, dass sie heute noch in Lingshed ankommen würden.

Es dauerte eine weitere Stunde, bis es wieder abwärtsging. Durch den rutschigen Untergrund war der Abstieg noch schwieriger als der Aufstieg. Lobsang spürte dies als Erster. Er verlor den Halt, wollte sich irgendwo festklammern, doch seine Hände griffen ins Leere. Einen Augenblick später landete er unsanft auf dem Hosenboden. Sein Rucksack schrubbte an einer Felskante entlang, die so scharf war, dass sie ihn ein gutes Stück aufschlitzte. Immerhin stoppte ein Felsen Lobsangs Schlitterpartie. Nymas Vater reichte ihm die Hand, sodass er sich wieder aufrappeln konnte.

„Glück gehabt."

Lobsang schaute Nymas Vater fragend an. „Der Rucksack hat dich gerettet", sagte er. „Ohne Rucksack wärst du mit dem Rücken gegen den Felsen geprallt. Wer weiß, wie dein Rücken jetzt aussehen würde."

Immerhin war der blöde Rucksack für irgendwas gut gewesen. Müde, durstig und hungrig trottete Lobsang weiter. Er war froh, dass es immer wieder kurze Pausen gab, bis der Nächste eine kurze Kletterpassage hinter sich gebracht

hatte. Nicht nur Lobsang schien müde zu sein. Die anderen Kinder waren es auch.
„Schaut mal, da ist ein Wacholderbusch", rief Dolma plötzlich. Sie kletterte zum Busch, um einen Zweig abzubrechen. Den würde sie am Feuer verbrennen und den Duft den Göttern schicken, damit die sich freuten. Sicherlich würden die Götter sie dann für den Rest ihrer Reise beschützen. Dolma streckte sich, um einen kleinen Zweig abzubrechen. Doch der war störrisch. Sie zog, knickte den Zweig und hing mit ihrem Gewicht daran. Als der Zweig abbrach, rutschte Dolma ab. Sie schlitterte einige Meter den Hang hinunter, stieß sich an mehreren Felsblöcken und prallte dann gegen einen großen Fels, an dem sie liegen blieb. So schnell wie möglich kletterte ihr Vater zu ihr. Die anderen standen mit pochenden Herzen da und warteten gebannt. Dolma! Noch bevor ihr Vater sie erreicht hatte, setzte sich Dolma auf, streckte Arme und Beine aus und winkelte sie wieder an, dann klopfte sie Schnee und Dreck von der Jacke und hielt den Wacholderzweig in die Höhe. Alle atmeten auf. Sie schien den Sturz gut überstanden zu haben. Die Götter hatten ihr beigestanden.
Trotzdem humpelte Dolma leicht, als ihr Vater sie hochzog und bei den ersten Schritten stützte. Dolma biss die Zähne zusammen. Ihre ganze rechte Seite schmerzte, doch sie wusste, dass Jammern nichts nützen würde. Sie mussten unbedingt weiter.
„Geht es, Dolma?", fragte ihr Vater besorgt. „Oder soll ich dich huckepack nehmen?"

Ihr Vater hatte schon den schweren Rucksack zu tragen, außerdem war er dafür verantwortlich, dass sie einen einigermaßen sicheren Weg fanden. Dolma wollte ihrem Papa nicht noch mehr zumuten. Obwohl sie müde war und Schmerzen hatte, sagte sie: „Es geht schon." Es musste gehen.

Als es dämmerte, hatten sie das Flusstal wieder erreicht. Niemand sprach es aus, aber alle wussten, dass sie noch eine weitere eiskalte Nacht in einem Unterschlupf überstehen mussten. Mit dem letzten bisschen Helligkeit kamen sie am Unterschlupf an. Unterwegs hatten die Männer bereits Feuerholz gesammelt. In der Helligkeit des Feuers konnte Lobsang seinen Rucksack untersuchen. Einen mindestens zehn Zentimeter langen Schlitz hatte der Fels aufgerissen. Was für ein Glück, dass es den Rucksack und nicht seinen Rücken erwischt hatte! Lobsang wollte auch den Göttern danken. Er beschloss, seinen Tsampa nicht ganz aufzuessen, sondern einen Rest den Göttern zu opfern. Für die Dämonen würde es allerdings nicht reichen.

Doch dann hatte er solchen Hunger, dass er gleich zwei Portionen Tsampa hinunterschlang, noch zwei Tassen Buttertee trank und in seinen Schlafsack kroch. Erst als Dolma den Wacholderzweig verbrannte, dachte er wieder an die Götter. Da war es allerdings zu spät. Sicherlich würden sich die Götter sehr über den Duft freuen, das musste erst einmal reichen. Vielleicht würden auch die Dämonen Ruhe geben. Er würde morgen Tsampa opfern, überlegte er. Morgen – wo er wohl die nächste Nacht verbringen würde?

Lobsang beobachtete, wie Dolma vor Schmerz ihr Gesicht verzog, als sie in den Schlafsack kroch.
„Nyma, du hast gestern schon geschlafen, darum frage ich dich jetzt: Was magst du?“ Mit der Frage wollte Lobsang, dass Dolma von ihren Schmerzen abgelenkt würde.
„Die Wüste“, sagte Nyma sofort.
„Die Wüste?“, wiederholten Tenzin, Lobsang und Dolma wie aus einem Mund. „Aber du kennst die Wüste doch gar nicht“, fügte Tenzin hinzu.
„Aber die Wüste ist das Gegenteil von Wasser“, entgegnete Nyma. Alle dachten an Nymas Angst vor dem Wasser, und alle verstanden den Jungen.
Die Nacht war wieder sehr kalt. Obwohl sie so eng wie möglich beieinanderlagen, schienen alle zu frieren. Lobsang hörte, wie Dolmas und Tenzins Vater auf und ab gingen und dabei zusammen eine Zigarette rauchten. Lobsang versuchte das, was meistens gelang, wenn er nicht schlafen konnte. Es funktionierte, wenn er im Internat im Schlafsaal lag und Heimweh hatte. Es funktionierte, wenn er sich Sorgen machte und der Schlaf nicht kommen wollte. Es funktionierte auch daheim, wenn sein Vater so laut schnarchte, dass Lobsang fürchtete, ihr kleines Haus würde einstürzen: sich wegträumen. Lobsang dachte ganz intensiv an etwas sehr, sehr Schönes. Jetzt dachte er an den Sommer in Zangla. Wenn es so warm war, dass er seine Jacke ausziehen konnte. Dass er beim Fußballspielen sogar im T-Shirt rumrennen konnte und dass er bei der Feldarbeit schwitzte. Dann freute er sich sogar auf den Schatten. Lobsang spür-

te, wie seine Finger wärmer wurden, auch das Zittern seines Körpers hörte auf. Dann war er wieder eingeschlafen. Wegträumen hatte auch dieses Mal funktioniert.

Am Morgen waren alle früh auf den Beinen, schließlich wollten sie Lingshed so schnell wie möglich erreichen. Und alle wollten sich so schnell wie möglich bewegen, damit ihr ausgekühlter Körper wieder warm wurde.
„Du hast Schmerzen", sagte Lobsang, als er neben Dolma kniete und seinen Schlafsack in den Rucksack stopfte.
„Halb so schlimm", antwortete sie leise. „Ich kann mich ja die nächsten Wochen erholen." Dolma war stark. Eine Kämpferin. Das gefiel Lobsang.
„Wie wird es bei dir weitergehen?", fragte sie, um das Thema zu wechseln. Lobsang zuckte mit den Schultern. Er hatte keine Ahnung. „Ich hoffe, die Götter meinen es gut mit mir", sagte er deshalb und schulterte den Rucksack. „Und wenn nicht: Es gibt für alles eine Lösung." Sie grinsten sich vielsagend an.
Drei Stunden später standen sie an der Abbiegung. Geradeaus ging es den Chadar entlang nach Zangla. Nach rechts steil hinauf nach Lingshed.
„Du kommst mit uns mit", ordnete Dolmas Vater an, als er Lobsangs Zögern bemerkte.
Die Sonne schien. Das Eis war dick. Lobsang fühlte sich stark. „Wenn ich ganz vorsichtig bin und vielleicht den Stock haben kann, dann könnte ich es doch versuchen", meinte Lobsang und deutete auf den Stock, mit dem Dol-

mas Vater das Eis abgeklopft hatte. Dolmas Vater schüttelte den Kopf.

„Nichts da! Ein Junge allein auf dem Chadar, das ist viel zu gefährlich“, mischte sich nun Nymas Vater ein. „Wenn dir was passiert, das würden uns deine Eltern nie verzeihen. Und wir uns auch nicht.“

„Es war abgemacht, dass du bis Lingshed mitkommst“, entgegnete nun auch Tenzins Vater.

„Aber, aber ich möchte doch nicht nach Lingshed. Ich möchte heim“, sagte Lobsang weinerlich und schluckte die Tränen hinunter. Er wollte vor den Männern nicht weinen. Im Gegenteil, er wollte zeigen, dass er selbst fast schon ein Mann war.

„Komm doch erst mal mit zu uns“, sagte Dolma besänftigend. „Du weißt doch: Es gibt für alles eine Lösung.“

„Aber …“ Was für eine gute Lösung sollte das sein?

Es blieb Lobsang nichts anderes übrig, als mitzukommen. Zwar ging es lange steil den Berg hinauf, sodass Lobsang kein Ende sehen konnte. Aber sie waren weg vom Eis, weg vom Chadar, der Weg war nicht mehr gefährlich. Dolma, die Lobsang aufmuntern wollte, ging nun direkt vor ihm. „Weißt du, was mir ganz besonders gefällt?“, begann sie mit ihrem Lieblingsthema.

Lobsang war zwar sehr enttäuscht, dass er nicht nach Zangla weitergehen konnte, aber er mochte Dolma. Darum wollte er kein Spielverderber sein. Noch ehe er geantwortet hatte, meinte Dolma: „Menschen. Ich mag Menschen. Viele

Menschen. Viel mehr als in Lingshed, sogar viel mehr als in Leh. Ich mag es, wenn die Touristen kommen und ich mit ihnen sprechen kann. Sie bringen ihre Ideen mit, das gefällt mir.“
„Hätte ich mir denken können“, sagte Lobsang. „Ich hab dich schon ein paar Mal in der Main Bazaar Road mit Fremden gesehen.“
„Ist es nicht toll zu hören, wie andere Menschen leben? Was ihnen gefällt und wovor sie sich fürchten. Ich habe Leute getroffen, irgendwo aus Europa, für die gibt es keine Dämonen und auch keine Götter. Unglaublich …“
Eine Welt ohne Dämonen und Götter – das konnte Lobsang nun wirklich nicht glauben. Dabei fiel ihm ein: Vielleicht waren die Götter mit ihm böse, weil er immer noch keinen Tsampa geopfert hatte. Wahrscheinlich musste er deshalb nach Lingshed stapfen, anstatt weiter nach Zangla zu gehen. Bestimmt lag es am Tsampa.

„… aber noch viel lieber würde ich sehen, wie die Menschen in anderen Ländern leben“, fuhr Dolma fort. „Stell dir das vor, Lobsang, in all die vielen Länder zu reisen, die es gibt.“
Dolma kam aus dem Schwärmen nicht mehr heraus. Lobsang dagegen wäre schon froh, wenn er es bis nach Zangla schaffen würde. Was interessierte ihn da Mexiko, Italien oder Laos?
Sie stiegen höher und höher. Allen war die Vorfreude anzumerken, schließlich dauerte es nicht mehr lange, bis sie zu Hause waren. Lobsang dagegen ärgerte sich, dass er den

Tsampa nicht geopfert hatte. Wie konnte er nur so blöd gewesen sein!

Nachdem sie eine Stunde stramm aufgestiegen waren, machten sie eine Pause. Keuchend ließen sich die Kinder auf Felsbrocken nieder. Nyma strahlte.
„Wir haben es geschafft! Wir haben den blöden Chadar unter uns“, sagte Tenzin, dem die Freude ebenfalls anzusehen war. „Noch eine Stunde, dann sind wir zu Hause.“ Tenzins Vater klopfte seinem Jungen anerkennend auf die Schulter. Lobsang drehte sich weg. Er wollte die Seligkeit der anderen nicht sehen. Ihm dagegen schien nicht mal Dolmas Amulett zu helfen. Alles wegen des Tsampas!
„Können wir weiter?“ Dolma hatte es trotz ihrer Schmerzen eilig. So wie alle anderen auch. Wohl oder übel schulterte Lobsang wieder seinen Rucksack.
Plötzlich hörten sie Stimmen, dann Schritte, die auf den Steinen knirschten. Gleich darauf sahen sie vier Männer, die auch überrascht schienen.
„Ihr wollt auf den Chadar?“, fragte Dolmas Vater. An der Art, wie er fragte, war Lobsang klar, dass er die Männer nicht kannte. Sie konnten also nicht aus Lingshed sein.
„Wir haben Holz über den Chadar nach Lingshed gebracht. Nun wollen wir wieder zurück in unsere Dörfer“, sagte der, der die Gruppe anführte. Lobsang schaute in alle Gesichter, in der Hoffnung, dass er ein bekanntes sehen würde. Denn auch in Zangla gab es Männer, die im Winter als Lastenträger auf dem Chadar ein paar Rupien verdienten. Doch

die vier Gesichter waren ihm unbekannt, keiner der Männer kam aus Zangla.

Lobsang war enttäuscht, trotzdem schoss ihm gerade jetzt Frau Norbus Lieblingssatz durch den Kopf: Es gibt für alles eine Lösung.

„Wohin geht ihr denn?", fragte Lobsang spontan. „Vielleicht Richtung Zangla?" Lobsang spürte seinen Herzschlag bis zum Hals.

„Ich komme aus Zangla." Als hätte er auf sein Stichwort gewartet, kam ein weiterer Mann um die Ecke gebogen. Kelsang, ein Bauer aus Zangla, der ein paar Häuser weiter wohnte. Kelsang, der ihn früher immer geneckt hatte. Kelsang, mit dem er in den Sommerferien immer Fußball spielte. Kelsang, der meistens gut gelaunt vor sich hin pfiff.

„Lobsang, was willst du denn in Lingshed?", begrüßte er den Nachbarjungen.

„Nichts", meinte Lobsang sofort. „Nimmst du mich mit nach Zangla?" Das wäre die perfekte Lösung!

Kelsang nickte sofort: „Klar! Hast du noch genug zu essen?"

„Hab ich."

Zum Abschied blieb nicht viel Zeit. „Vielen Dank, dass ihr mich bis hierher mitgenommen habt. Wir sehen uns in zwei Monaten in der Schule wieder."

„Oder schon auf dem Chadar", meinte Dolma.

„Schöne Ferien", wünschte Lobsang.

„Komm gut nach Zangla", sagten Tenzin, Nyma und Dolma dann wie aus einem Mund. Danach stiegen sie mit schnellen Schritten Lingshed entgegen.

Lobsang musste sich anstrengen, um mit dem Schritt der Männer mitzuhalten. Die drei Väter, die sie nach Lingshed geführt hatten, hatten viel Rücksicht auf ihre Kinder genommen. Aber Lobsang war so glücklich, dass es weiterging, das gab ihm Energie. Es gab einen Grund für das schnelle Tempo: Die Sonne war mittlerweile hinter Wolken verschwunden. Schneewolken. Sobald es schneite, stieg die Temperatur, dann stieg auch der Wasserstand des Chadar – und das Eis bekam Risse.

„Wie war das Eis flussaufwärts?", fragte Lobsang, der von all dem keine Ahnung hatte.

„Ganz gut. Es gab kaum Hindernisse." Kelsang pfiff eine Melodie.

Das beruhigte Lobsang. „Nun muss das Eis nur so bleiben", dachte er. Doch beim unberechenbaren Chadar wusste man nie.

Als sie wieder im Flusstal waren, verabschiedeten sich drei Männer, sie gingen nach Leh. Denn von dem Geld, das sie durch den Holztransport verdient hatten, wollten sie einen Sack Zucker und neue Handschuhe kaufen.

Zu dritt marschierten sie flussaufwärts. Obwohl Lobsang bei dem Tempo gewaltig aus der Puste kam, musste er Kelsang einfach fragen: „Unser Lele, ist es ein Junge oder ein Mädchen?"

„Es ist ein Mädchen. Und sie kann ausgezeichnet schreien", antwortete Kelsang kichernd.

Ein Schwesterchen, das hatte er sich gewünscht.

Eine Stunde später begann es zu schneien. Erst fielen nur

ein paar Flocken vom Himmel, dann immer mehr. Die Sicht wurde so schlecht, dass man keine 30 Meter sehen konnte.
„Wir müssen dicht zusammenbleiben“, sagte Kelsang. „Lobsang, du gehst in der Mitte. Dann bemerken wir, wenn du langsamer wirst.“
Das hatte Lobsang nicht vor. Er wollte mit Kelsang, seinem Vordermann, mithalten. Doch das gelang ihm nicht besonders gut.
„Noch eine Flussbiegung, dann kommt ein Unterschlupf. Dort können wir eine Pause machen und Tee trinken“, schlug Kelsang vor. „Aber wir müssen heute noch weiter.“
„Ich brauche keine Pause“, log Lobsang. „Ich brauche keinen Tee.“
Tarun, der hinter ihm ging, meinte: „Das ist gut, das spart uns Zeit.“ Er dachte nur daran, möglichst schnell zurück in sein Dorf zu kommen. Ihm hatte es nicht gepasst, dass Lobsang mit ihnen ging. Er wusste von Anfang an, dass Lobsang sie aufhalten würde.
In kurzer Zeit hatte es mindestens fünf Zentimeter geschneit. Zwar testete Kelsang mit seinem Stock das Eis. Doch war es schwierig, den richtigen Weg zu finden. Zum Glück konnte er sich noch gut daran erinnern, wie das Eis am Morgen war, als sie früh von ihrem Unterschlupf aufgebrochen waren.
„Wir gehen zu dem Unterschlupf“, entschied Kelsang. „Bei der Sicht und dem Schneefall ist es auf dem Chadar zu gefährlich.“

Lobsang war froh, als sie die kleine Höhle erreicht hatten. Er schüttelte sich den Schnee von Jacke und Rucksack. Die Männer hatten Feuerholz dabei. Der heiße Buttertee war eine Wohltat. Nach dem Tee meinte Tarun: „Ich gehe weiter. Es ist noch zwei Stunden hell, die nutze ich. Wenn ich mich beeile, komme ich zur nächsten Höhle. Und ich werde mich beeilen."
„Das ist zu gefährlich, Tarun. Lass uns die Nacht hier verbringen."
Doch Tarun interessierten die Einwände nicht. Er stopfte seinen Blechnapf in den Rucksack – und war grußlos verschwunden.
„So ein Spinner", sagte Kelsang und legte Holz nach.
„Ist es meinetwegen?", fragte Lobsang. „Weil ich langsam bin?"
„Quatsch. Tarun war schon auf dem Hinweg merkwürdig. Ich weiß nicht, was ihn plagt. Er war die ganze Zeit mürrisch und hat sich nicht an die Absprachen der Gruppe gehalten. Eigentlich war Tarun schon einige Male auf dem Chadar, er müsste um die Gefahren wissen. Er müsste auch wissen, dass es zu riskant ist, allein auf dem Chadar unterwegs zu sein. – Komm, hol den Tsampa aus deinem Rucksack. Jetzt gibt es Essen."
Kelsang spendierte sogar eine Prise Zucker. Gezuckerter Tsampa! Keine Sekunde dachte Lobsang daran, von dieser seltenen Leckerei etwas zu opfern.
„Erzähl mir von daheim", schlug Lobsang vor, als er sich in den Schlafsack gekuschelt hatte.

„Erzähl du mir lieber von Leh. Ich muss bald in die große Stadt, das gefällt mir überhaupt nicht. Da ist viel zu viel los. Da sind so viele Menschen, die ich nicht kenne. Und die meine Sprache nicht sprechen."
Lobsang grinste. Statt von Leh zu berichten, erzählte er von Dolma und ihrem Wunsch, möglichst viele Menschen kennen zu lernen.
„Ein verrücktes Mädchen", sagte Kelsang und fügte dann hinzu. „Ein mutiges Mädchen."
Ohne es selbst zu bemerken, umfasste Lobsangs Hand das Amulett.

Am nächsten Morgen war es bewölkt, aber es schneite nicht mehr. Sie hatten Glück und entdeckten Taruns leicht verschneite Spuren, in denen sie gut vorankamen. Gleichzeitig wurde es spürbar kälter. Das war zwar beim Gehen unangenehmer, machte aber das Eis sicherer. An den Spuren erkannten sie, wo Tarun zur Höhle abgebogen war. Und durch die frischeren Fußabdrücke wussten sie, dass er mit ein paar Stunden Vorsprung vor ihnen ging.
„Du gehst voran, du bestimmst das Tempo, Lobsang", entschied Kelsang. Nun war es kein Problem, auf dem von Schnee zugedeckten Eis den sicheren Weg zu finden. Es war, als würde Tarun direkt vor ihm marschieren.

Nach einer weiteren kalten Nacht in einem Unterschlupf, wo sie die letzten Vorräte aßen, wusste Lobsang, dass er heute noch seine Familie sehen würde … sofern alles glatt

lief und keine Lawine oder sonst etwas ihren Weg stören würde. Lobsangs Herz klopfte schnell. Nicht vor Anstrengung, sondern vor Aufregung und Freude. Bald würde er seine Eltern und sein Lele-Schwesterchen sehen. Seine Eltern würden Augen machen. Allein dieser Gedanke schien ihn zu beflügeln. Kelsang hatte eine Pause vorgeschlagen. Doch Lobsang wollte weiter. Schnell weiter.
Als er die alte Burgruine sah, die auf dem Hügel thronte, beschleunigte er noch mehr. Bei Lobsangs Tempo hatte Kelsang sogar aufgehört zu pfeifen. Sie bogen in den Trampelpfad ein, der zum Dorf führte. Lobsangs Hände wurden feucht vor Vorfreude. Ihr Haus stand etwas entfernt von den anderen Häusern. Aber er konnte es schon sehen. Er spürte das Gewicht des Rucksacks nicht mehr, auch nicht die Kälte und die Strapazen der letzten Tage. Da war ihr Haus. Hörte er das Gequäke eines Babys? Vor dem Haus sah er seine Mutter, die den Tieren Heu brachte.
„Na los“, sagte Kelsang fröhlich.
Lobsang begann zu rennen. Seine Mutter sah ihn, stutzte, erkannte dann ihren Jungen. Sie lächelte, ließ das Heu fallen und rannte Lobsang entgegen. Gleich darauf lagen sie sich in den Armen.
Er war angekommen. Erst in zwei Monaten musste er sich wieder auf seinen gefährlichen Schulweg begeben. Davor würde er die Dämonen füttern.

Info: Zanskar ist eine abgelegene Gegend im indischen Himalaja-Gebirge. Sie ist auf allen Seiten von bis zu 7000 Meter hohen Bergen umgeben. Im harten Winter ist die Region von der Außenwelt abgeschnitten und unzugänglich. Es gibt nur einen Weg, den über den Zanskar-Fluss, der im Winter Chadar heißt – „die zugefrorene Platte". Die Zanskari-Kinder gehen in der Stadt Leh zur Schule und wohnen dort im Internat. Aber in den Ferien wandern sie in ihre Dörfer zurück – im Winter ist es einer der gefährlichsten Schulwege der Welt.

Der Himalaja ist das höchste Gebirge der Welt. Er bildet in Indien die natürliche nördliche Grenze. Im Süden wird das riesige Land vom Indischen Ozean umschlossen. Indien ist mit seiner Fläche das siebtgrößte Land der Erde. Mehr als 1,3 Milliarden Menschen leben dort, davon ist die Hälfte jünger als 30 Jahre. Indien gilt als größte Demokratie der Welt. Die Hauptstadt heißt Neu-Delhi.

Indien ist ein Land der Gegensätze mit einer großen Kluft zwischen Arm und Reich. 12 Prozent aller Kinder zwischen fünf und 14 Jahren verrichten Kinderarbeit. Sie schuften in der Teppichindustrie, in der Landwirtschaft, als Müllsammler, im Steinbruch, als Straßenverkäufer, bei der Herstellung von Fußbällen, in Fabriken und Restaurants. Eigentlich müssen in Indien alle Kinder bis zum 14. Lebensjahr zur Schule gehen, die nichts kostet. Aber wenn die Eltern arm sind, dürfen die Kinder oftmals nicht zur Schule, sondern müssen Geld verdienen. Und auf dem Land sind Schulen häufig weit entfernt und schwer erreichbar.

yatichaña uta

See in Gefahr – Leben in Gefahr

Marilini fror. Es war kalt und feucht in ihrer Schilfhütte. In der Nacht hatte es geregnet, dummerweise war das Schilfdach an zwei Stellen durchlässig. Marilinis Mutter erhob sich von ihrer Schilfmatte, streckte sich, gleich darauf standen auch ihr Vater und Marilini auf. Areli und Abraham, ihre beiden kleinen Brüder, kuschelten noch ein paar Minuten unter der warmen Decke. Schnell zog Marilini ihren blauen Rock, danach noch den roten Rock über die Leggins. Zwei Röcke übereinander waren wärmer als nur einer. Dann noch den pink, weiß, lila gestreiften Strickpulli über ihre gelbe Bluse. Sie zog sich die gleichfarbige Wollmütze mit den Bommeln tief ins Gesicht. Fertig.

Draußen ging gerade die Sonne auf. Marilini gönnte sich ein paar Sekunden für das Schauspiel am Himmel: Zuerst war nur der scharlachrote Rand unter dem metallicblauen Himmel zu sehen, dann kam die Sonne, erst rot, dann weiß, gleißend. Die letzten Nebelschwaden waren verschwunden, der Titicacasee, der sich endlos gegen den Horizont erstreckte, schimmerte azurblau. Sie sah, wie die ersten Sonnenstrahlen auf dem Titicacasee tanzten. Und ein bisschen wärmten. Vor allem ihre eiskalten Füße, denn Schuhe besaß Marilini keine. Die hätte sie auch nicht gebraucht, denn ihre Welt bestand nur aus Schilf und Wasser. Marilini lebte auf einer schwimmenden Schilfinsel auf der peruanischen Seite des riesengroßen Titicacasees.

„Nicht träumen, Marilini", forderte ihre Mutter sie auf. „Wir sind heute mit Frühstück dran."

Marilinis Vater hatte einen Zwillingsbruder, beide waren unzertrennlich. Darum lebten Marilinis Familie und die Familie ihres Onkels zusammen auf der schwimmenden Schilfinsel, die nicht viel länger als 30 Meter und kaum breiter als 20 Meter war. Darauf stand für jede Familie eine Einzimmerhütte aus Schilf. Die Familien aßen zusammen, fischten zusammen, sie machten fast alles zusammen. Im Moment kontrollierten die Väter gemeinsam die Netze.

Marilini gähnte und streckte sich, bevor sie trockenes Schilf holte, um den Herd aus Ton anzuheizen, der vor den Hütten stand. Mit dem Feuer musste sie höllisch aufpassen, denn durch ein, zwei Funken konnte die ganze Schilfinsel Feuer fangen und lichterloh brennen.

„Gibt's schon Frühstück?" Verschlafen kam Aliku zum Herd. Aliku, ihr Cousin und bester Freund, hatte immer Hunger.

„Nein, aber du kannst schon mal Tee holen", meinte Marilini. Gähnend stapfte Aliku zum Schilf, das gleich neben der Insel wuchs. Er nahm eins der hohen Schilfrohre, bog es zu sich hinunter und pflückte die braune Blüte von der Spitze des Rohrs. Dann kam er zurück zum Herd und warf die Blüte ins kochende Wasser. Der Schilftee musste eine Weile ziehen.

Aber die ersten frittierten Fladen waren bereits fertig. Sie waren so heiß, dass Aliku ein Schilfrohr nahm, um den Fladen aufzuspießen und davon abzubeißen. Löffel und Gabeln gab es auf der Schilfinsel genauso wenig wie Tische oder Stühle oder Betten.

Nach und nach bekam jeder mindestens einen frittierten Fladen und Tee. Solange Aliku auf den nächsten Fladen wartete, schlürfte er den wärmenden Schilftee. „Hast du die Spanischhausaufgaben gemacht?“, fragte er Marilini, die sich um das Frittieren kümmerte.

Sie nickte. Was für eine Frage, natürlich hatte sie die Hausaufgaben gemacht. Wie immer. Marilini war nicht nur fleißig, sondern auch clever. Und sie hatte ein großes Ziel: Sie wollte es nach der sechsten Klasse unbedingt auf die weiterführende Schule, die Segunda, auf dem Festland schaffen. Nicht nur als erstes Mädchen ihrer Schule, sondern überhaupt als Erste. Noch nie war von ihrer Schule jemand auf die Segunda gegangen. Bisher hatten alle das harte, aber ihnen bekannte Leben auf ihren schwimmenden Inseln vorgezogen. Das Leben als Fischer und Schilfschneider.

Doch Marilini wollte unbedingt Ärztin werden und ihre Großmutter vom Rheuma heilen, das sie so stöhnen ließ. Für diesen Traum musste sie nicht nur die Beste sein, sie musste auch ihre Eltern davon überzeugen. Und das war wahrscheinlich noch schwieriger, als gute Noten zu schreiben. Marilini dachte dabei an Amanda aus der letzten Abschlussklasse der Primera. Amanda war eine hervorragende Schülerin, auch Amanda wollte zur Segunda. Doch ihre

Eltern sahen keinen Sinn darin. Und sie wollten Amanda nicht verlieren, vor allem nicht Amandas Arbeitskraft. Also beendete Amanda wie alle anderen nach sechs Jahren die Primera und half seitdem auf der Schilfinsel.

„Wie war der Fang?“, rief Areli den Vätern zu, als sie vom Boot auf die Insel kletterten. Die Männer hoben die Netze, sodass alle sehen konnten, dass nur einige kleine Fische darin zappelten.
„Für die paar lohnt es kaum, dass ich das Feuer anmache, um sie zu räuchern“, sagte Großmutter seufzend und hielt sich den schmerzenden Rücken. „Schon wieder ein schlechter Fang. Es gibt immer weniger Fische im See. Früher wimmelte es nur so von Fischen. Jeden Tag waren die Netze voll. – Die hier reichen nicht mal für uns zum Essen. Keine Fische … was sollen wir dann auf dem Markt für Kartoffeln oder Karotten eintauschen? Wir haben nichts zum Eintauschen.“ Voller Verzweiflung schlug Großmutter die Hände vors Gesicht. Manchmal machte sie das, weil das Rheuma sie plagte. Aber jetzt hatte es nichts mit dem Rheuma zu tun. Eigentlich war Großmutter immer zuversichtlich und optimistisch gewesen, aber seit einer Weile war sie das nicht mehr.
Die Väter legten die Netze auf den Schilfboden und holten 15, vielleicht 20 recht kleine Fische aus den Netzen. „Früher war der Titicacasee nicht so verschmutzt. Seit Jahren versprechen die Politiker Kläranlagen. Seit Jahren passiert nichts“, sagte Alikus Vater wütend.

„Ich werde nachher mit Marilini Fallen legen, dann gibt es heute Abend bestimmt Wildvögel zum Essen", sagte Aliku, der auf dem Inselboden kniete und die Spanischaufgaben abschrieb. Er war ein guter Fallensteller, aber ein schlechter Schüler. Schule interessierte ihn nicht besonders. Im Moment wollte er seinem verärgerten Vater zeigen, dass er schon groß war und mithelfen konnte, die Familie zu versorgen. Keine Frage für Aliku, dass das dringlicher war, als Spanisch zu büffeln. Sein Vater nickte, wenn auch mit zusammengekniffenen Lippen. Aliku freute sich darüber, viel mehr als er sich je über eine gute Spanischnote freuen würde.

Während Aliku die letzten Aufgaben abschrieb, kämmte Marilini ausgiebig ihr langes schwarzes Haar, dann flocht sie es zu zwei Zöpfen. In ihrem Volk, den Uros, war man der Meinung, dass langes Haar bei Frauen und Mädchen Kraft, Stärke und Leben bedeutete. Genau das wollte Marilini haben: Kraft und Stärke und ein gutes Leben. Und einen guten Beruf. Das war bei den Uros allerdings nicht vorgesehen, seit Jahrhunderten lebten sie vom Fischfang und vom Schilf. Ein Leben mit harter Arbeit und langen Tagen in einem rauen Klima.

7 Uhr. Zeit, um zur Schule zu rudern. Heute war das Alikus Aufgabe. Auch darin wechselten sie sich ab. Marilini und Aliku kletterten in das schmale, kippelige Boot, das die Form eines Kajaks hatte und ebenfalls aus Schilf bestand, so wie fast alles bei den Uros. Das Boot hatten die Väter vor

ein paar Wochen gebaut, als das alte zu faulen begann. Marilini saß hinten, Aliku vorne. Er schnappte sich das schmale, vielleicht zwei Meter lange Holzstück, das als Ruder diente, und bugsierte das Boot gekonnt auf den See hinaus.
„Passt auf euch auf! Und kommt gesund wieder!“ Diesen Wunsch hörten die beiden täglich von Marilinis Mutter. Sie winkte zum Abschied. Wie jeden Tag hatte sie Angst um die zwei. Besonders fürchtete sie, dass sie ins Wasser fallen könnten. Denn das Wasser hatte nur zehn Grad, und schwimmen konnten die beiden nicht besonders gut. Für mehr als drei, vier hastige Schwimmzüge reichte es nicht. Besonders Marilini fand das kalte Wasser schrecklich. Sie wollte einfach nicht schwimmen üben. Immerhin waren beide gute Ruderer, das beruhigte die Mutter ein bisschen. Schließlich hatte sie selbst ihnen das Rudern beigebracht. Damals, als sie fünf waren und große Schwierigkeiten mit dem Boot und dem Rudern hatten. Eigentlich waren sie da noch zu klein, um mit dem Ruder zu hantieren. Erst mit sechs war es leichter geworden. Mittlerweile ruderten sie genauso gut wie die Erwachsenen. Trotzdem machte es die Mutter immer noch nervös, die beiden auf dem unendlich großen See zu wissen. Dort lauerten so viele Gefahren – wie das Wetter. Es konnte schnurstracks umschlagen. Vor allem Gewitter konnten gefährlich werden. Lebensgefährlich. Wenn die Blitze ins Wasser einschlugen, breitete sich die Energiewelle bis in 100 Meter Entfernung aus. Das Boot war der höchste Punkt auf der Wasseroberfläche. Die Blitze suchten solche Punkte. Wenn ein Blitz die Kinder traf,

konnten sie sterben. Zum Glück waren heute nur ein paar Schäfchenwolken unterwegs. Aliku und Marilini konnten die Wolken lesen. Das machten sie immer, bevor sie ins Boot stiegen.

Aliku steuerte auf den See hinaus. Eine leichte Brise ließ das Boot schaukeln. Die Sonne wärmte. Genießerisch schloss Marilini die Augen. Sie liebte diese Momente, denn dann fühlte sie sich mit dem See verbunden. Eine Verbundenheit, die sie nur im kippeligen Boot spürte.

„Schau mal, was machen die?“, riss Aliku sie aus ihrem Lieblingsmoment. Marilini öffnete die Augen und sah ein Boot, ein Motorboot, zwei Männer waren darauf, und sie …

„Das gibt's doch nicht“, zischte Marilini, „die werfen Fässer ins Wasser!“

„Was glotzt ihr? Verschwindet!“ Die Männer hatten das kleine Schilfkajak entdeckt.

„Schnell weg!“ Marilinis Stimme zitterte. Wer konnte schon wissen, was die Männer vorhatten? Jedenfalls freuten sie sich nicht, das kleine Schilfkajak zu sehen.

Aliku legte sich ins Zeug. Das riesige Schilffeld war noch zehn, zwölf Meter entfernt. Marilini konnte den Blick nicht vom Motorboot wenden. Sie versuchte die Fässer zu zählen, doch es gelang ihr nicht. Das ganze Boot schien voller Fässer zu sein. Die Männer drohten noch kurz mit den Fäusten, dann scherten sie sich nicht länger um die beiden. Sie hatten es viel zu eilig, ein Fass nach dem anderen in den Titicacasee plumpsen zu lassen.

Aliku ruderte in der ersten Fahrspur ins Schilf hinein. Das

Schilffeld war so groß wie drei Fußballfelder. Hier waren sie in Sicherheit. Hier würden die Männer mit ihrem Motorboot nicht hinkommen, die Fahrspur war viel zu schmal dafür.

„Was ist wohl in den Fässern?", fragte Marilini mit rasendem Atem. Sie hatte die Luft angehalten. Doch weder sie noch Aliku kannten eine Antwort. Allerdings ahnten sie, dass es nichts Gutes war.

„Das mit den Männern und den Fässern ist unheimlich", meinte Aliku nach einer Weile, die sie einfach im Schilffeld gesessen hatten. Doch dann fiel ihm wieder ein, warum er eigentlich dorthin gerudert war: Hier tummelten sich Wildvögel und Wildenten. Der ideale Platz, um Fallen aufzustellen. Aliku ruderte tiefer ins Schilffeld hinein.

„Ihhhh, schau dir das an! Schon wieder diese Brühe", rief Aliku angeekelt und zeigte auf Schaum, der an den Schilfstängeln klebte. Unter dem Schaum war das Wasser rotbraun und dickflüssig. Die rotbraune Fläche war nicht groß, höchstens zwei Meter lang und einen breit, aber in letzter Zeit sahen die beiden immer wieder solche verschmutzten Flächen. Hatte das rotbraune Zeug irgendwas mit den Fässern zu tun?

„Schau, da", rief nun Marilini und zeigte auf einen Tierkadaver. „Ein Titicaca-Riesenfrosch. Er ist tot. Schon wieder einer." Traurig schaute Marilini zu dem Frosch, der eine Besonderheit war, die es nur hier im Titicacasee gab. Sie wusste auch, dass es dem Titicaca-Riesenfrosch in seinem See nicht mehr gut ging. Ihre Lehrerin, Frau Amilcar, hatte gesagt, er sei vom Aussterben bedroht. „Der Riesenfrosch ist wirklich nicht hübsch“, versuchte sie einen Spaß zu machen, um die Traurigkeit zu vertreiben. „Er sieht aus, als habe er eine viel zu große Jacke an.“

Marilini kannte sich mit Riesenfröschen aus, sie wusste, dass deren Haut so viele Falten hatte, weil sie darüber Sauerstoff aufnahmen. Das Wasser des Titicacasees enthielt wenig Sauerstoff, darum brauchte der Riesenfrosch viele Möglichkeiten, genug von dem lebenswichtigen Gas zu bekommen. Durch die Falten hatte der Frosch eine große Hautoberfläche, sodass viel Sauerstoff in seinen Körper gelangen konnte.

„Da drüben schwimmt noch einer auf dem Rücken“, sagte Aliku leise. „Das hier ist kein guter Platz für die Fallen“, fügte er hinzu. Er ruderte tiefer ins Schilffeld hinein, bog in eine weitere winzige Fahrspur ein – und blieb stecken. Sofort wusste Marilini, was zu tun war. Sie stand auf, ruckelte und ließ mit ihren Füßen das Boot schwanken. Aliku unterstützte sie mit dem Ruder. Das Boot schwankte heftig und neigte sich gefährlich zur Seite.

„Runter“, rief Marilini. Blitzschnell gingen sie in die Hocke, hielten sich am Bootsrand fest und bewegten sich nicht mehr. Langsam beruhigte sich das Boot wieder. „Das war knapp“, stöhnte Aliku. Um ein Haar wären sie gekentert. Die Schaukelei war zwar unangenehm, sie hatte aber ihren Zweck erfüllt: Das Boot war wieder frei.

„Hier lege ich die Fallen aus“, sagte Aliku und kramte in seiner Hosentasche nach einer dünnen Schnur.

„Hier? So weit drin im Schilf? Meinst du, dass die Wildvögel bis hierher kommen?“ Marilini war skeptisch.
Wortlos zeigte Aliku auf ein leeres Entennest. Das überzeugte Marilini. Zwischen zwei Schilfgräsern spannte Aliku die Schnur. Dann suchte er sich die nächste gute Stelle. Insgesamt stellte er fünf Fallen auf. „Unser Abendessen ist gesichert“, meinte er zuversichtlich.
„Hoffen wir es“, fügte Marilini in Gedanken hinzu, sagte aber nichts. Doch sie hatte nicht vergessen, dass in den letzten Wochen die Fallen oft leer geblieben waren. Ohne das Fleisch von den Tieren blieb nur Fisch zum Essen. Wenn davon auch zu wenig in den Netzen landete, was sollten sie dann essen?

Sie waren spät dran. Das Fallenstellen hatte lange gedauert, sie mussten sich beeilen, um rechtzeitig zur Schule zu kommen. So leise wie möglich ruderten sie denselben Weg aus dem Schilf heraus, den sie gekommen waren. Geschickt manövrierte Aliku das Schilfboot an der Dreckbrühe vorbei. Aber wie sollten sie unbemerkt an dem Motorboot vorbeikommen, schoss es Marilini durch den Kopf. Da – ein Geräusch. Ein Dröhnen. Das Motorboot.
„Die verschwinden“, meinte Aliku.
Tatsächlich, als sie am Rand des Schilffeldes angekommen waren, sahen sie nur noch das leichte Schaukeln der Wasseroberfläche und in einiger Entfernung ganz klein das alte Motorboot.
Der Wind frischte auf. Auch das noch. Das Kajak schaukel-

te, Wasser schwappte ins Boot. Sofort schnappte sich Marilini den Becher, der immer im Boot lag, und schöpfte Wasser. Währenddessen legte sich Aliku ins Zeug. Er kämpfte gegen Wind und Wellen, die nun den Schulweg erschwerten. Marilini schöpfte, Aliku ruderte, sie waren ein eingespieltes Team.

„Woher kommt nur dieser blöde Wind?“, rief Aliku. Der Himmel war noch immer blau und wolkenlos. Nach 20 Minuten japste Aliku nach Luft.

„Wir tauschen“, sagte Marilini sofort. In Windeseile wechselte das eingespielte Team die Plätze, Marilini übernahm das Rudern. Sie führte das Boot geschickt durch die Wellen. Trotzdem kamen sie mit nasser Leggins und nasser Hose auf der Schulinsel an, die viel größer war als Marilinis und Alikus Insel.

Die meisten Schüler standen bereits in zwei Reihen. Wie jeden Morgen wartete Frau Amilcar, bis alle ihre Schützlinge auf der Schulinsel eingetroffen waren. Manche waren schon seit 40 Minuten auf der Insel, hatten die zwei Tore aufgestellt und Fußball gespielt. Nur hier war genug Platz, um richtig zu rennen. Trotzdem war das Insel-Fußballfeld ziemlich klein.

Gleich nach Marilini und Aliku legte Vidal mit seinem Boot an. Er hatte den längsten Schulweg. Zu dritt rannten sie zu den anderen und reihten sich ein. Ihre kleine, pummelige, nette Lehrerin – Frau Amilcar – wünschte einen guten Morgen, dann stimmten alle die peruanische Nationalhymne an.

„Somos libres, seámoslo siempre
Y antes niegue sus luces el sol
Que faltemos al voto solemne
Que la patria al eterno elevó.“

„Wir sind frei, mögen wir es immer sein.
Und möge eher die Sonne untergehen,
als dass wir das feierliche Gelübde brechen,
das unser Vaterland vor dem Ewigen abgelegt hat.“

Marilini reckte den Hals, stand aufrecht und schmetterte, so laut sie konnte. Sie liebte die Hymne. Sie liebte das morgendliche Singen. Nur langsam ging es danach ins Klassenzimmer, denn Frau Amilcar kontrollierte bei allen Hände und Fingernägel.
„Olenka, du hast schon wieder schwarze Ränder unter deinen Nägeln. Wie schaffst du das immer? Morgen sind sie sauber, verstanden?“
Olenka nickte und schlüpfte ins Klassenzimmer. Alle wussten, dass Olenka auch morgen mit schmutzigen Nägeln kommen würde. Sie hatte immer schmutzige Nägel.
„Aliku, deine Nägel sind viel zu lang“, meinte nun Frau Amilcar. Der Junge zuckte nur mit den Schultern.
„Sehr gut“, lobte sie Marilini. Die hatte sich angewöhnt, sobald das Boot festgezurrt war, sich noch schnell die Hände im See zu waschen. Das lohnte sich, denn fast jeden Morgen holte sich Marilini ein Lob ab.

Marilini konnte sich nicht auf den Unterricht konzentrieren. Ihr ging das Bild mit den Männern, dem Motorboot und den Fässern nicht aus dem Kopf. Gab's einen Zusammenhang zu den Fässern und der Dreckbrühe? Woher kam die Brühe? Wer leitete solchen Schmutz in den See? War die Dreckbrühe gefährlich?
„Marilini, ein drittes Mal frage ich dich nicht", sagte Frau Amilcar ernst. Marilini zuckte zusammen.
„Spanischhausaufgaben", flüsterte Aliku.
Schnell schlug Marilini ihr Heft auf und las vor. Danach hielt sie es nicht mehr länger aus: „Frau Amilcar, Aliku und ich, wir haben vorhin etwas Merkwürdiges beobachtet." Sie berichtete von dem Boot, das sie zuvor noch nie gesehen hatten. Von den Männern, die sie angeschrien hatten, von den Fässern und von der rotbraunen Dreckbrühe. „Das mit der Dreckbrühe war nicht das erste Mal. Das andere schon", ergänzte Aliku zum Schluss. Die meisten Schüler bestätigten dies. Auch sie hatten auf ihrer Bootsfahrt zur Schule schon solche Schmutzteppiche oder Dreckbrühen entdeckt.
Trotz ihrer hitzigen Diskussion hörten sie ein Motorboot heranfahren. Marilini und Aliku schauten sich ängstlich an. Waren das die Männer von vorhin? Was wollten sie? Würden sie sie suchen, weil sie die Sache mit den Fässern gesehen hatten? Hektisch schaute sich Marilini um, wo sie sich verstecken konnten. Unterm Tisch? Im Schrank? Es gab keine guten Verstecke. Und schon gar nicht für zwei. Ihre Hände waren feucht. Ihr Herz pochte schneller.

„Da habt ihr mir das ideale Stichwort geliefert", meinte nun Frau Amilcar. Sie war die Ruhe in Person. Hatte sie denn das Motorboot nicht gehört?
„Ich habe heute zwei Aktivisten der Umweltschutzorganisation Mundo Azul eingeladen. Sie wollen euch einiges über unseren Titicacasee und seine Probleme erzählen. Ihr könnt ihnen gleich von euren Beobachtungen berichten."
Keine gefährlichen Männer? Erleichtert atmete Marilini aus.

Statt der gefährlichen Männer kamen Geraldine und Antuane.
„Kamisaraki und hi", begrüßte die junge Frau alle lässig.
„Waliki", antwortete die Klasse auf Quechua.
Dann gab Geraldine Frau Amilcar rechts und links Küsschen auf die Wangen. Sie schienen sich gut zu kennen, sehr gut sogar.
Marilini und alle Mädchen der Schilfschule staunten nicht schlecht, denn Geraldine trug ihr nur schulterlanges Haar offen und hatte ihre Sonnenbrille lässig auf den Kopf geschoben. So kurzes Haar hatten sie bei einer Frau noch nie gesehen. Selbst die Großmütter trugen lange, wenn auch dünne Zöpfe.
Neugierig schaute sich Geraldine um: „Wirklich alles aus Schilf. Nur Tische und Bänke nicht. Das ist toll." Sie setzte sich auf das Pult, ließ ihre Beine, die in einer Jeans steckten, baumeln. Alle warteten auf die Reaktion von Frau Amilcar, denn die würde so etwas nie machen. Doch es kam keine Reaktion, stattdessen stellte sie Antuane, den Mann mit

schwarzer Mütze und grauen Bartstoppeln, mit Grübchen, einem Kapuzenpulli und Jeans vor. „Antuane ist Biologe, er kann viel über den Titicacasee und die Gefahren für den See schildern. Aber vielleicht wollt ihr ihm zuerst von euren Beobachtungen berichten", ermunterte sie die Schülerinnen und Schüler.

Sofort meldete sich Marilini und beschrieb noch einmal, was sie am Morgen beobachtet hatten.

„Sind sie jetzt also hier", sagte Antuane am Ende von Marilinis Schilderung. „Die Männer sind wahrscheinlich Arbeiter aus einer der vielen illegalen Silberminen, die es in der Nähe des Sees gibt. Normalerweise leiten sie ihre wahnsinnig giftige Brühe direkt in die Flüsse, die in den Titicacasee fließen. Manchmal, wenn die Minen kontrolliert werden, trauen sich die Besitzer nicht, die Giftbrühe direkt in den Fluss zu geben. Zumindest eine Weile. In der Zeit sammeln sie das Gift in Fässern und kippen diese dann irgendwo in den See. So, wie ihr es heute beobachtet habt."

Antuane machte eine kurze Pause, überlegte und fuhr fort: „Ihr hattet großes Glück, dass euch die Männer in Ruhe gelassen haben. Denn sie können keine Zeugen gebrauchen und sind normalerweise nicht zimperlich."

Marilini und Aliku schauten sich an und versuchten zu lächeln, was ihnen nicht besonders gut gelang. Erst jetzt kapierten sie, in welcher Gefahr sie waren.

„Wie viele Fässer waren es denn?", wollte Geraldine wissen, auch um die beiden auf andere Gedanken – weg von der Gefahr – zu bringen.

„Keine Ahnung, es ging alles so schnell“, meinte Aliku. „Aber es waren viele.“
Marilini nickte.
„Wisst ihr noch, wo das war?“
Nun nickten beide. „Nicht weit vom großen Schilffeld.“
„Normalerweise fahren sie das Gift weiter auf den See hinaus“, sagte Antuane nachdenklich. „Sie müssten doch wissen, dass sie am Schilffeld gesehen werden können.“
„Um wie viel Uhr habt ihr sie gesehen?“, wollte Geraldine wissen und kreuzte fröstelnd die Arme vor der Brust.
„Zwischen sieben und acht.“ Genauer konnten sie es nicht sagen.
Blitzschnell kombinierte Geraldine. „Das ist die Zeit, wenn die Fischer bereits wieder daheim und die Touristenboote noch nicht unterwegs sind. Die Männer dachten bestimmt, um diese Zeit wären sie ungestört. Eigentlich nicht dumm. Aber sie haben nicht mit zwei Kindern auf dem Weg zur Schilfschule gerechnet.“ Nach einer kurzen Pause fuhr sie fort: „Die Männer fühlten sich sicher, darum fuhren sie nicht so weit auf den See hinaus. So sparen sie Benzin, das sie dann wahrscheinlich aus dem Tank zapfen und es für ihre Boote benutzen oder verkaufen. Die Männer, die diese Drecksarbeit machen, haben meistens wenig Geld, sodass sie jeden Job, auch so einen miesen, annehmen.“ Geraldine wusste Bescheid.
„Wie giftig ist das Zeug in den Fässern denn?“, wollte Vidal wissen.
„Sehr, sehr giftig. Es tötet Fische, es tötet alle Tiere im See,

die von dem Gift abkriegen. Es wird auch das Schilf töten", sagte Antuane traurig.
„Wir haben heute zwei tote Titicaca-Riesenfrösche gesehen", bestätigte Aliku.
„Aber das Gift ist doch in Fässern", meinte Gabriela, die sich nicht vorstellen konnte oder wollte, dass die Sache mit den Fässern allzu gefährlich war. „Aber nicht alle Fässer sind dicht", erwiderte Geraldine. „Außerdem halten die Fässer nicht ewig. Irgendwann werden sie undicht."
„Das heißt, früher oder später ist das Gift im Wasser?" So langsam kapierte auch Gabriela, wie schrecklich das Ganze für den Titicacasee und damit für sie alle war.

In der Pause wollte niemand Fußball oder Fangen spielen. Alle diskutierten über giftige Dreckbrühen und tote Tiere. Alle kannten dies von ihrem Schulweg. Zwar kam es nicht jeden Tag vor, aber immer wieder.
Gerade schilderte Vidal, dass er vorgestern mindestens 20 tote Fische gesehen hatte, die alle beieinander auf dem See trieben. Antuane gesellte sich zu ihnen, hörte zu und fragte dann Aliku und Marilini: „Würdet ihr uns nach der Schule die Stelle zeigen, an der ihr das Boot gesehen habt?"
Sofort nickten die beiden eifrig. Wann passierte schon etwas so Spannendes und Wichtiges? Sie wollten unbedingt helfen, dass es dem Titicacasee wieder besser ginge. Ihr See sollte sauber sein, damit wieder viel mehr Fische darin schwammen. Damit sie genug zu essen hatten und damit die Großmutter genügend Fische räuchern konnte,

die sie auf dem Markt in Puno gegen Bohnen, Kartoffeln und Karotten eintauschen konnten.

Langsam tuckerte das Motorboot hinter dem Schilfboot her. Die Umweltaktivisten wollten die Fahrt des Schilfbootes nicht durch ihre Wellen erschweren.
„Hier war es“, sagte Marilini, als sie an der Stelle angekommen waren. Aliku nickte. „Dort drüben sind wir ins Schilf. Dort müssen wir auch jetzt rein, um nach den Fallen zu schauen.“
„Stimmt ja.“ Marilini hätte sie glatt vergessen.
Antuane reichte ihnen einen Kescher, zwei Tüten, Plastikhandschuhe und einen großen Plastikbecher mit Schraubverschluss. „Würdet ihr bitte die toten Titicaca-Riesenfrösche mitbringen? Und etwas von der Dreckbrühe in den Becher füllen? Aber seid vorsichtig, zieht unbedingt die Plastikhandschuhe an.“

Alles klappte wie am Schnürchen: Mit dem Kescher fischte Marilini die toten Riesenfrösche aus dem Wasser, die immer noch an derselben Stelle lagen. Aliku zog erst die Handschuhe an, dann hielt er die Plastiktüte auseinander, sodass die Froschkadaver vom Kescher direkt in der Tüte landeten. Er schraubte den Verschluss des Plastikbechers auf und füllte diesen halb voll mit Dreckbrühe. Sorgfältig verschloss er den Becher, zog die Plastikhandschuhe aus und stopfte sie in die andere Plastiktüte.
Dann ruderten die beiden zu den Fallen. Die erste war leer,

die zweite auch. Doch in der dritten und vierten baumelte jeweils eine Wildente. Die fünfte war leer. Zwei Enten für zwei Familien – Aliku hatte sich mehr erhofft.

Sie ruderten wieder aus dem Schilffeld, übergaben Geraldine und Antuane den Becher und die toten Titicaca-Riesenfrösche. „Gut gemacht", lobte Antuane sie.
Zu viert fuhren sie zur Insel, auf der Marilini und Aliku lebten. „Gott sei Dank, ihr seid hier", begrüßte Marilinis Mutter sie und bekreuzigte sich. Sie hatte sich Sorgen gemacht. „Ist etwas passiert?", wollte sie sofort wissen, als das Motorboot anlegte. Alle, die auf der Insel wohnten, versammelten sich nun um die Umweltaktivisten. Es kam eigentlich nie vor, dass Fremde zu ihrer schwimmenden Insel kamen.
Statt einer Antwort stellte sich Geraldine vor: „Ich heiße Geraldine Amilcar. Die Lehrerin ihrer Kinder ist meine Schwester." Marilini und Aliku schauten sie überrascht an. „Ich arbeite für die Umweltorganisation Mundo Azul. Zusammen mit meinem Kollegen Antuane habe ich heute die Schule besucht."
Marilinis Mutter war erleichtert und bat die Fremden, auf dem Schilf Platz zu nehmen. Alikus Mutter machte Feuer, der kleine Abraham nahm den Wasserkessel, ging zum Rand der Insel und füllte den Kessel mit Seewasser. Unterdessen ging sein Bruder Areli zum Schilf und holte Schilfblumen, die braunen Schilfblüten für den Tee.
„Sie benutzen Schilf für alles." Antuane staunte nicht schlecht.

„Totora-Schilf, Wasser und Fisch, mehr brauchen wir nicht“, erwiderte die Großmutter, die erst jetzt die Gäste begrüßte. Sie war noch mit dem Räuchern der Fische beschäftigt gewesen. „Meine Söhne sind gerade beim Schilfschneiden“, fuhr sie fort und warf ihre dünnen grauen Zöpfe hinter die Schultern. Sie mochte es nicht, wenn die Zöpfe vor ihrer Brust baumelten. „Unsere Insel muss regelmäßig ausgebessert und erneuert werden. Sie besteht aus unzähligen Schichten Schilf, die nach und nach vom Seewasser ‚gefressen‘ werden.“
Fragend runzelte Antuane die Stirn.
„Das Schilf fault mit der Zeit von unten. Jede Woche müssen wir frisches Schilf auf dem Boden verteilen, sonst laufen wir durch Wasserpfützen, und irgendwann geht die Insel unter“, erklärte Aliku. Gleichzeitig wunderte er sich, dass Antuane, der so viel über den Titicacasee wusste, keine Ahnung von den schwimmenden Inseln hatte. Für Aliku war es das Normalste auf der Welt. Auch er konnte schon im Schilffeld Schilf schneiden, wenn ihm dabei auch die Hände weh taten und er Blasen bekam. Trotzdem schnitt er eine Stunde, verknotete das Schilf dann mit einem langen Strick und zog die zehn Meter lange Fracht im Schilfkajak hinter sich her zur Insel.

Antuane, der noch nie auf einer schwimmenden Insel gewesen war, ließ sich von der Großmutter alles zeigen. Währenddessen erzählte Marilini noch einmal vom Boot mit den Fässern. Und Geraldine erklärte anschließend ihre

Bitte. „Wir glauben, dass das Motorboot morgen noch einmal Fässer verklappen wird. Um Beweise zu haben, müssen wir sie auf frischer Tat ertappen. Doch wir kommen nur mit einem Schilfkajak in der Morgendämmerung unbemerkt an das Boot heran. Vielleicht müssen wir auch im Schilffeld warten. Jedenfalls geht das mit unserem Motorboot nicht, das ist zu laut."
„Ihr braucht also Boote", folgerte Marilinis Mutter.
Geraldine nickte. „Und jemand, der die Boote rudert."
„Wir können das nicht entscheiden", sagte Marilinis Mutter. „Wir müssen warten, bis unsere Männer zurück sind."
„Papperlapapp", mischte sich die Großmutter ein, die die letzten Sätze gehört hatte. „Ich weiß, dass meine Söhne nichts dagegen haben werden. Natürlich helfen wir euch, schließlich wollt ihr dem See helfen und damit uns."
Geraldine strahlte die alte Frau mit dem bauschigen dunkelgelben Rock und der bunten Jacke an. „Vielen Dank!" Spontan sprang sie auf, um die Großmutter zu umarmen.
„Schon gut, Kindchen, schon gut", wehrte die Großmutter ab, die solche Nähe zwar mit ihren Enkeln, aber nicht mit Fremden mochte.

„Oh, wie süß", rief Geraldine nun aus. Der kleine Abraham hielt ihr ein winziges Spielzeug-Schilfkajak hin. Die Frauen kicherten über Abrahams Geschäftssinn.
„Macht ihr die selbst?"
Die Mütter nickten und sagten wie aus einem Mund. „Für die Touristen, die mit den Booten kommen."

„Hierher?“, wollte Geraldine wissen.
„Nicht auf unsere Insel, die ist zu weit von Puno entfernt. Außerdem – wollen wir das nicht …“
„… unsere Männer wollen das nicht“, unterbrach sie Alikus Mutter. „Mir würde es schon gefallen. Das Leben mit den Touristen ist viel leichter …“
„Jedenfalls machen wir die kleinen Schilfboote, die auf der Insel meiner Schwester Keiko verkauft werden“, sagte Marilinis Mutter. „Keiko und ihre Familie wohnen nicht mehr auf der Insel, sondern auf dem Festland. Sie kommen nur noch tagsüber auf ihre Insel. Für die Touristen. Sie zeigen den Besuchern, wie wir Uros leben, und bekommen dafür Geld. Das ist viel leichter als das schwere Leben, das wir haben. Abends fahren sie in ihre warmen Wohnungen auf dem Festland“, fügte sie hinzu.
„Ist so ein Leben nicht komisch?“, wollte Antuane wissen. „Das ist doch irgendwie unecht. Unechtes Leben, meine ich. Sie zeigen ja nur, wie das Uro-Leben funktioniert, sie leben es nicht. Sie sind wie, wie, wie Schauspieler ihres eigenen Lebens. Das ist doch komisch.“
„Aber sie verdienen damit Geld. Das ist gut“, sagte Aliku, der immer praktisch dachte.
„Das stimmt natürlich“, lenkte Antuane ein. „Trotzdem …“ Er schüttelte den Kopf, schwieg aber.
Großmutter, die diese Diskussion schon hundert-, ach was, tausendmal gehört hatte und sie nicht mehr hören wollte, wechselte das Thema. „Ihr müsst morgen sehr früh losfahren, wenn es noch dunkel ist. Darum lade ich euch ein, hier

zu übernachten. Allerdings gibt es keinen Luxus bei uns, alles ist sehr einfach."

Die Mütter schauten wenig begeistert drein. Sie hatten absichtlich eine Einladung vermieden, weil sie nicht genügend zu essen hatten. Hatte Großmutter nicht daran gedacht, oder war es ihr egal? Eine Antwort darauf war jetzt sowieso einerlei, denn die Einladung war ausgesprochen – und von den Umweltaktivisten freudig angenommen. Um alles für die Aktion vorzubereiten und Schlafsäcke für die Nacht zu holen, fuhren sie zurück zum Festland.

Auch die Väter waren einverstanden, den Umweltaktivisten zu helfen. Sobald Geraldine und Antuane wieder zur Insel kämen, würden sie gemeinsam überlegen, was zu machen sei, um die Umweltsünder zu schnappen.

Die Frauen schauten nach ihren Essensvorräten: zwei kleine Wildenten, 20 kleine, geräucherte Fische, die sie eigentlich auf dem Markt gegen Gemüse eintauschen wollten, sowie fünf Kartoffeln. Wie sollte das für vier Kinder und sieben Erwachsene reichen? „Wir können noch ein paar Schilfstängel schneiden, zumindest die Kinder freuen sich darüber."

„Aber die Stängel machen nicht satt", erwiderte Marilinis Mutter.

„Wenigstens was zu knabbern. Und die Stärke in den Stängeln gibt etwas Kraft." Alikus Mutter fand ihre Idee gut, deshalb holte sie das Messer und ging an den Rand der Insel. Sie kniete sich nieder, stülpte die Ärmel ihrer Jacke um und beugte sich weit nach unten, denn sie musste die Halme möglichst tief abschneiden. Dort saß das weiße, leicht süße Fruchtfleisch. Sie schnitt sieben Halme. Das Weiße landete in ihrer tiefen Rocktasche, den Rest legte sie auf den kleinen Schilfstängel-Haufen, der trocknen sollte, damit man später damit Feuer machen konnte.

Die Frauen hätten sich nicht so viele Sorgen machen müssen. Als die beiden Umweltschützer zurückkamen, hatten sie nicht nur ihre Schlafsäcke, Ferngläser und ihren Fotoapparat dabei, sondern auch jede Menge Karotten, mindestens fünf Kilo Süßkartoffeln und einen Sack Kartoffeln.

„Als Dankeschön für die Übernachtung", sagte Antuane und reichte ihnen die Säcke.

Während des Essens überlegten alle gemeinsam, wie sie am nächsten Morgen vorgehen sollten. Mitten hinein in die Diskussion sagte Marilinis Mutter: „Hab ich das richtig verstanden, Aliku und Marilini sollen euch zu der Stelle bringen? Zwei Kinder?"

„Mama", sagte Marilini genervt über die ständige Angst ihrer Mutter. „Wir sind doch keine Babys mehr. Und nur wir kennen die Stelle."

„Ihr könnt sie euren Vätern beschreiben. Das ist sicherer."

„Wer soll dann die Netze auswerfen?", fragte ihr Mann, der seiner Tochter und seinem Neffen das Ganze durchaus zutraute.

„Ach, die Netze", erwiderte seine Frau mit einer wegwerfenden Handbewegung. „Wir können auch mal einen Tag aufs Fischefangen verzichten."

„Papperlapp“, mischte sich Großmutter ein. „Wir haben schon immer jeden Tag gefischt. Das wird auch morgen so sein. Aliku und Marilini können hervorragend rudern, sie sind klug und umsichtig. Sie schaffen das ganz sicher.“ Gegen ihren Mann und ihre Schwiegermutter hatte Marilinis ängstliche Mutter keine Chance.

Es war noch dunkel, aber sternenklar, als Antuane sie weckte. Schnell aßen sie ein paar kalte Kartoffeln, die sie am Vorabend gekocht hatten, und tranken Wasser. Marilinis Mutter bekreuzigte sich mehrmals, als die vier in die Boote stiegen. Antuane fuhr mit Marilini und Geraldine mit Aliku.

Der See lag ruhig da, wie gebügelt. Aber so früh am Morgen war es eisig kalt. Marilini griff zum Ruder, sie war froh, sich bewegen zu können. Die beiden Schilfboote glitten nebeneinander her. Keiner sprach ein Wort. Aliku und Marilini fanden den Weg auch in der Dunkelheit. Sie hätten ihn auch mit verbundenen Augen gefunden, schließlich war es ihr täglicher Schulweg.

„Hört ihr?“, flüsterte Geraldine. Stimmen. Männerstimmen. Dann ein Platschen, dann Gelächter. Die Männer schienen sich ihrer Sache sicher zu sein, sonst hätten sie unnötige Geräusche vermieden.

Lang würde die Dunkelheit sie nicht mehr schützen, die Dämmerung brach schon an. Es waren höchstens noch hundert Meter bis zum Boot. Geraldine zückte den Fotoapparat. Die Männer waren mit sich und den Fässern beschäftigt.

Mittlerweile konnte Marilini die Umrisse des Bootes erkennen. Sie sah, dass wieder nur zwei Männer an Bord waren. Sie war angespannt und hatte keine Ahnung, was nun passieren könnte. Alikus Boot fuhr so dicht neben ihrem Boot, dass man denken konnte, es wäre nur ein Boot unterwegs. Nur noch 50 Meter. Unglaublich, dass die Männer sie nicht bemerkten. Antuane deutete den beiden Ruderern, dass sie das Boot wenden und dann einfach gleiten lassen sollten. Marilini sah, wie die Männer das nächste Fass anhoben. Als wäre dies das verabredete Zeichen, knipste Antuane einen Scheinwerfer an, der das Boot und die Fässer beleuchtete. Gleichzeitig drückte Geraldine auf den Auslöser ihres Fotoapparates. Innerhalb von Sekunden schoss sie eine ganze Serie: Männer, die ein Fass anhoben, noch weiter anhoben, über den Bootsrand hievten, dem Fass einen Schubs gaben, das Fass, wie es ins Wasser platschte, Männer mit wütenden Gesichtern.

„Verflixter Mist! Was wollt ihr hier? Ihr Pack“, rief einer der Männer.

Marilini zitterte. Was, wenn die Männer Waffen dabeihatten? Was, wenn sie schießen würden? Hier auf dem See konnten sie sich nicht schützen. Geraldine fotografierte weiter: das Boot, die Fässer, die noch auf dem Boot waren.

„Was wir hier wollen?“, rief Antuane den Männern zu. „Wir wollen, dass ihr drankommt. Und eure Chefs. Wir haben genug Beweise.“ Er nickte Geraldine zu und schaltete den Scheinwerfer aus. Mittlerweile war die kurze Dämmerung vorüber, und die Sonne ging auf.

„Ach, wir haben nur harmloses Zeug in den Fässern“, versuchte nun der Ältere der beiden einzulenken.
„Klar“, meinte Geraldine, „darum werft ihr die Fässer auch bei Dunkelheit in den See.“
Sie hätten längst geschossen, wenn sie eine Waffe dabeihätten, kam es Marilini in den Sinn. So heruntergekommen, wie die Männer aussahen, waren sie viel zu arm, um Waffen zu besitzen. Außerdem wähnten sie sich in Sicherheit.
Und jetzt?, überlegte Marilini. Sie hatten nur besprochen, wie sie die Beweisfotos machen könnten, aber nicht, wie es danach weitergehen sollte. Zwar hatten sie die Fotos, aber die Lage war trotzdem riskant, kapierte Marilini in Sekundenschnelle. Denn die Männer müssten nur Gas geben und auf sie zufahren, dann wären ihre Boote kaputt, sie würden im See landen, und die Beweisfotos wären futsch. Es gab nur eine Möglichkeit, den Männern im Motorboot zu entkommen: ab ins Schilf. Und zwar so schnell wie möglich, bevor die Männer aus den Schilfbooten Schilfsalat machen würden. Ohne ein Wort ruderte Marilini los. Instinktiv wusste Aliku, was seine Cousine vorhatte. Er ruderte hinter ihr her, keine zehn Zentimeter trennten die Boote.
„Die dürfen nicht davonkommen“, rief der jüngere der beiden Männer. „Wir brauchen den Fotoapparat. Los!“ Die Männer schienen aus ihrer Bewegungslosigkeit, die sie die letzten Minuten erfasst hatte, zu erwachen. „Die wollen ins Schilf!“, rief der andere, der Marilinis Plan durchschaut hatte. „Die dürfen nicht entkommen!“
Höchstens zehn Meter waren es bis zu der kleinen Fahr-

rinne im Schilffeld, durch die nur schmale Schilfkajaks passten. Das breite Motorboot würde stecken bleiben. Marilini ruderte, so schnell sie konnte. Noch neun Meter. Sie hörte, wie der Motor angeworfen wurde. Noch acht Meter. Die Männer gaben Vollgas, der Motor heulte auf. Noch sieben Meter. Die Männer mussten erst einen Bogen fahren, um zu wenden. Noch fünf Meter. Marilinis Arme brannten, so sehr legte sie sich ins Zeug. Noch drei Meter. Das Motorengeräusch kam näher und näher. Noch zwei Meter. Die Männer brüllten irgendwas, das sie nicht verstand. Noch ein Meter. Drin! Sie hatte es geschafft. Doch sie hörte nicht auf zu rudern, denn hinter ihr kam Alikus Boot, das auch Platz in der Fahrspur benötigte. Marilini spürte einen harten Stoß, der sie beinahe aus dem Kajak geschleudert hätte. Das Boot wackelte wie verrückt.

„Runter!“ Automatisch ging sie in die Hocke, Antuane machte es ihr nach. Beide warteten, bis sich das Geschaukel gelegt hatte. Dann wagte Marilini einen Blick zurück – und musste lachen. Sie sah, dass das Motorboot Alikus Boot zwar noch erwischt, es aber direkt in die Fahrspur gedrückt hatte. Das Motorboot hatte anscheinend nicht mehr bremsen können und steckte nun mit dem Bug im Schilf fest. Schnell griff Marilini wieder nach dem Ruder und paddelte mindestens 30 Meter weiter ins Schilffeld hinein. Aliku folgte ihr. Sie hörten das Fluchen der Männer. Dann das Dröhnen des Motors. Marilini konnte nicht erkennen, ob die Männer versuchten, vorwärts- oder rückwärtszufahren. Sie schienen es selbst nicht zu wissen.

„Wann kommen die endlich?“, fragte Geraldine ungeduldig. „Ich verstehe es auch nicht. Sie müssten doch längst da sein“, meinte Antuane.
„Hä?“ Aliku schaute sie fragend an, auch Marilini verstand kein Wort.
„Ich habe einen Freund bei der Polizei. Lucero“, sagte Antuane im Flüsterton. „Dem habe ich von unserer Aktion erzählt. Er wollte mit Kollegen kommen. Hoffentlich hat ihr altersschwaches Boot nicht schlappgemacht.“
„Schaut“, sagte Marilini, „die versuchen, weiter ins Schilf einzudringen.“ Zentimeter für Zentimeter fräste sich das Motorboot durch das Schilf.
„Wir müssen tiefer ins Schilf“, sagte Aliku.
Sofort begannen die beiden zu rudern. „Bieg hier rechts ab“, kommandierte Aliku. Marilini fuhr noch zehn, zwölf Meter weiter ins Schilffeld hinein. Alikus Kajak folgte. Sie hörten das Dröhnen des Motors, er heulte auf, dann war Ruhe.
Was hatte das zu bedeuten? Die vier schauten sich fragend an. War das nicht ein Plumpsen? Warfen sie die Fässer im Schilf ins Wasser? Im Schilf war eine Bergung noch schwerer als im offenen See. „Das müssen wir verhindern“, sagte Geraldine entschieden.
„Wenn das eine Falle ist …“, erwiderte Antuane.
„Was für eine Falle sollte das sein?“, fragte Geraldine. „Nein, nein, die wollen uns ärgern. Sie wissen genau, dass man die Fässer schwer aus dem Schilffeld bekommt. Wir müssen sie daran hindern.“

„Und wenn sie doch eine Waffe haben?“ Marilinis Herz klopfte wie wild.
„Das glaube ich nicht. Die hätten sie sonst vorhin schon benutzt, als wir abgehauen sind“, meinte Geraldine. „Los, bevor sie alle restlichen Fässer im Schilf verklappen.“
Während die anderen diskutierten, hatte Aliku ein Nest mit drei Eiern entdeckt. Sorgfältig klaubte er Ei für Ei aus dem Nest und legte sie ins Boot. Marilini musste grinsen. Ihr Cousin dachte wirklich immer ans Essen.
Bevor Aliku losfuhr, schnitt er noch drei gleich lange Schilfhalme ab und knotete sie mit einer Schnur zusammen. Alikus Kajak war nun das erste, das aus der engen Schilfspur herauskam. Er ruderte auf das Motorboot zu, das noch gut 20 Meter entfernt war. Geraldine hatte wieder den Fotoapparat gezückt. Alle sahen, wie die Männer grinsend und summend das nächste Fass in das Schilffeld auf dem Titicacasee warfen.
„Da kommen sie“, hörten sie einen der Männer sagen.
„Sie haben auf uns gewartet“, meinte Aliku und atmete tief durch.
„Wir machen erst Platz, wenn wir den Fotoapparat haben“, rief der ältere der beiden Männer, über dessen Oberlippe ein dicker Schnauzbart thronte. „Wir können lange warten“, fügte er noch hinzu, bevor er eine Tüte mit Chifles, Bananenchips, und Chachita, gerösteten Maiskörnern, hervorholte. Er grinste, griff in die Tüte und naschte eine Handvoll daraus.
„Sitzen wir jetzt in der Falle?“, fragte Geraldine flüsternd.

„Ein bisschen“, entgegnete Aliku genauso leise. „Die meisten Fahrspuren enden irgendwann. Aber irgendwie werden wir aus dem Schilffeld herauskommen. Ist halt verdammt schwierig, sich ohne Fahrbahn zwischen den Schilfstängeln hindurchzuquetschen. Wir haben das noch nie gemacht. Könnte sein, dass wir dabei im Wasser landen.“

„Wir bleiben“, bestimmte Geraldine und drückte auf den Auslöser der Kamera. „Jetzt, bei Helligkeit, kann ich alles bestens fotografieren – das Boot, die Männer, die Fässer. Ideal. Außerdem zerstören sie mit dem Boot das Schilffeld, die Lebensgrundlage der Uros, auch das kann ich dokumentieren.“

„Wird dir nichts nützen, Mädchen“, rief der Schnauzbart-Mann nun. „Bald liegt die Kamera auf dem Boden des schönen Titicacasees. Bei den Fässern, hahaha.“ Er fischte noch ein paar Chifles aus der Tüte und ließ alle auf einmal in seinem großen Mund verschwinden. Dann fuhr er sich schmatzend mit der Hand über den Schnauzbart und reichte dem Jüngeren die Tüte.

„Und wenn wir gleich noch ein Fass ins Wasser plumpsen lassen, dann gibt's Überschwemmung in eurer schmalen Eierschale“, rief der Mann provozierend.

„Das wird er sich nicht trauen“, meinte Geraldine, doch ihre Stimme klang nicht so sicher.

„Es sind noch drei Fässer auf dem Boot“, sagte Marilini leise und umklammerte das Ruder. Sie hatte Angst. Nicht vor der Welle, die das Fass machen würde, wenn es ins Wasser fiel. Sondern davor, dass die schweren Fässer auf einen

Stein fallen, sich der Deckel öffnen und das Gift oder was sonst Schlimmes in den Fässern war auslaufen könnte. Das wäre eine Katastrophe! Für den See, für die Fische, die Titicaca-Riesenfrösche und für die Uros. Marilini wusste, dass der See an dieser Stelle nicht so tief, aber voller Steine war.
„Sie dürfen die letzten Fässer nicht in den See werfen. Wir müssen sie daran hindern“, sagte Marilini deshalb.
„Aber wie?“, fragte Aliku. Keiner hatte eine Antwort.
„Die Männer fühlen sich so verdammt sicher“, meinte Antuane enttäuscht.
„Vielleicht sollten wir ihnen geben, was sie haben möchten“, sagte Marilini traurig.
„Auf keinen Fall“, antwortete Geraldine sofort. „Die Fotos sind unsere einzigen Beweise.“ Trotzdem schien sie zu überlegen, während sie die Männer nicht aus den Augen ließ. Nach einer Weile meinte sie: „Hm, vielleicht hast du Recht, Marilini. Vielleicht sollten wir ihnen tatsächlich den Fotoapparat geben – aber ohne Speicherkarte. Dann hätten sie den Apparat und wir die Beweise.“
„So doof werden die Männer nicht sein“, meinte Antuane.
„Vielleicht schon. Es ist unsere einzige Möglichkeit“, erwiderte Geraldine.
Antuane wusste, dass sie Recht hatte.
Die Männer bückten sich gerade, um das nächste Fass anzuheben.
„Nein, nicht, stopp“, rief Antuane. „Ihr bekommt, was ihr wollt.“
Die Männer stellten das Fass zurück auf den Boden des

Bootes. Währenddessen öffnete Geraldine blitzschnell die Klappe des Fotoapparats, holte die Speicherkarte heraus, steckte diese in ihre Hosentasche, hielt den Fotoapparat in die Höhe und rief: „Ihr könnt ihn haben!"
„Ah, die Naturschützer werden vernünftig", kicherte der Ältere zufrieden.
Auf Antuanes Kopfnicken hin ruderte Aliku näher ans Motorboot heran. Zuvor hatte Geraldine schweren Herzens Antuane den Fotoapparat hinübergereicht. Es war ein teurer Apparat, den Mundo Azul nicht so schnell ersetzen konnte.

„So ist es recht", freute sich der ältere Mann auf dem Motorboot, als Antuane ihm den Fotoapparat aushändigte. Marilini hielt die Luft an. Hoffentlich bemerkte er die fehlende Speicherkarte nicht! Geraldine starrte zum Boot, genauso Antuane. Aliku ruderte die paar Meter zurück zu den anderen.
„Wollt ihr mich verarschen?" – Der Mann war nicht so dumm, wie sie gehofft hatten. Genauer gesagt, der Jüngere hatte den Fotoapparat inspiziert und den Älteren auf die fehlende Speicherkarte hingewiesen. „Für wie blöd haltet ihr uns? Her mit der Speicherkarte! Sonst sind die drei Fässer schneller im Wasser, als ihr Luft holen könnt!"
„Nein, die gebe ich nicht her", flüsterte Geraldine den anderen zu. „Dann wäre alles umsonst gewesen. Dann würden die Männer und vor allem die Hintermänner ungeschoren davonkommen."
„Aber die Steine …", unterbrach Marilini sie.

„Es wird kein Ende nehmen, wenn wir sie nicht erwischen", fuhr Geraldine ungerührt fort.
„Was ist nun mit der Speicherkarte?" Die Männer auf dem Motorboot hatten die Hände in die Hüften gestemmt und schauten grimmig zu den Schilfkajaks hinüber.
„Bitte!", flehte Marilini eindringlich.
„Bitte!", bettelte auch Aliku.
Geraldine schnaufte. „Ich kann nicht."
Antuane hielt sich raus. Er wusste selbst nicht, wie er sich entscheiden sollte.
„Ihr habt eine Minute, dann kullern die Fässer ins Wasser", rief es vom Motorboot herüber.
„Wir sind doch Zeugen", sagte Aliku. „Die Polizei oder das Gericht werden uns glauben."
„Da bin ich mir nicht so sicher", meinte Geraldine. „Die Leute mit den Fässern haben die besten Anwälte, die verdrehen dir das Wort im Mund. Wir brauchen die Beweise."
„Noch 20 Sekunden!"
„Bitte!", beschwor Marilini Geraldine noch einmal. „Das kann sonst eine Katastrophe geben!"
„Es ist schon eine Katastrophe", blieb Geraldine hartnäckig. „So viele Fässer liegen bereits im See. Nur wenn wir Beweise haben, werden die Hintermänner bestraft und müssen auch das Geld rausrücken, um die Fässer zu heben. Wir von Mundo Azul können so etwas nie und nimmer bezahlen. – Wir brauchen die Beweise!"
„Eure Zeit ist um!" Die Männer warteten noch ein paar Sekunden, dann bückten sie sich, um das Fass anzuheben.

Marilini schloss die Augen. Ihr Bauch schmerzte, ihr Magen rebellierte, ihre Hände zitterten.

„Halt! Sofort aufhören! Hände hoch!“, rief eine tiefe Männerstimme.
„Lucero!“ Antuane hatte die Stimme seines Freundes sofort erkannt.
Dann ging alles ganz schnell. Zwei Polizeibeamte sprangen auf das Motorboot und legten den Männern Handschellen an. Die beiden hatten viel Mühe, mit gefesselten Händen ins Polizeiboot zu steigen. Währenddessen winkte Lucero Antuane zu.
„Wurde allerhöchste Zeit, dass ihr gekommen seid“, rief ihm Antuane zu.
Lucero, der Polizist in Uniform, zuckte entschuldigend mit den Schultern. „Mal wieder der Motor. Tut mir leid. – Und: Danke für den Tipp.“
Antuane hob den Daumen. Lucero ebenso.
„Was ist jetzt mit der Speicherkarte?“, wollte Marilini wissen.
„Die nehmen wir mit, kopieren die Fotos und geben sie dann der Polizei“, antwortete Geraldine. Die Anspannung der letzten Minuten stand ihr noch im Gesicht.
Nur mit Mühe konnten die Polizisten das Motorboot aus dem Schilf befreien. Lucero winkte seinem Kumpel Antuane zu, dann steuerte er das Motorboot mit den drei Fässern an Bord Richtung Festland.
Vielleicht werde ich Umweltschützerin, überlegte Marilini,

während sie zusahen, wie die beiden Polizisten versuchten, mit einem Seil das festgefahrene Boot frei zu bekommen. Ärztin und Umweltschützerin.

„Wir kommen heute zu spät zur Schule", sagte Aliku, nachdem die Fahrspur wieder frei war.
„Ich glaube, das ist kein Problem. Schon gar nicht bei eurer netten Lehrerin", meinte Geraldine grinsend.

„Was wolltest du eigentlich mit den Schilfstängeln anfangen?", wollte nun Marilini von Aliku wissen.
„Ich dachte, na ja, vielleicht, hmm", stammelte er. Es war ihm peinlich. „Die Stängel könnten doch aussehen wie ein Gewehr. Vielleicht hätte ich damit die Männer in Schach halten können."
Die drei anderen lachten. „Schilfstängel als Gewehrattrappe, hihihi. – Für alles ist das Schilf doch nicht zu gebrauchen."

Info: Der Titicacasee ist der größte See Südamerikas: Er ist 180 Kilometer lang, 60 Kilometer breit und 280 Meter tief. Er liegt auf über 3800 Meter Höhe auf der Altiplano-Hochebene. Ein Teil des Sees gehört zu Peru, der andere Teil zu Bolivien.

Auf der peruanischen Seite leben die Uros auf Schilfinseln. Das Totora-Schilf wächst im See und dient ihnen als Insel, als Baumaterial für Häuser und Boote und zum Essen. Die Uros leben vom Fischfang, heutzutage aber auch von den Touristen, die mit Booten auf die schwimmenden Inseln kommen, sich das Leben auf einer Schilfinsel zeigen lassen und dafür Geld geben. Viele Uros ziehen mittlerweile das bequemere Leben auf dem Festland vor und fahren zu ihren Inseln wie andere zu ihrem Arbeitsplatz.

Peru ist das drittgrößte Land Südamerikas – es ist mehr als doppelt so groß wie Frankreich. Es grenzt an Ecuador, Kolumbien, Brasilien, Bolivien und Chile. Das Land besitzt eine große landschaftliche Vielfalt: die schneebedeckten Anden mit Gipfeln über 6000 Meter Höhe, die liebliche Pazifikküste, das karge Altiplano-Hochland und das schwülheiße Amazonasgebiet. Der Río Marañón und der Río Ucayali vereinen sich zum Amazonas, der dann fast 7000 Kilometer entfernt in Brasilien in den Atlantischen Ozean mündet.

In Peru gibt es geheimnisvolle, uralte Kultstätten der Inkas wie Machu Picchu. Die Ruinenstadt aus dem 15. Jahrhundert ist heute eine der größten Tourismusattraktionen in Südamerika.

Etwas mehr als 30 Millionen Menschen leben in Peru, fast 80 Prozent davon in Städten. Gesprochen werden Spanisch, Quechua und Aymara.

ƆIΨЧ HЧ ՐՈλL6

Eine Flötenakazie für Serah

Die Flötenakazie war in Sichtweite. Also hatte Serah die Hälfte des Weges geschafft. Sie liebte diesen Baum. An anderen Tagen gönnte sie sich hier eine kurze Pause. Aber heute nicht. Heute verbot sie sich, auch nur eine Samenschote aufzuheben und ihr Muster zu bewundern, das gefräßige Ameisen hineingenagt hatten. Sie würde heute auch nicht in die helle Schote blasen, um ihr eine Melodie zu entlocken. Dafür war keine Zeit. Heute war Serah sehr spät dran. Noch später als sonst.
Serah rannte weiter. Durch die mit Dornenbüschen bewachsene Savanne, wo sie sich täglich die Beine aufkratzte. Sosehr Serah sich auch bemühte, auf dem Trampelpfad zu bleiben, die Dornen fanden immer ihre Beine. Die blöde Dornenstrecke wollte kein Ende nehmen. Endlich sah sie den Elektrozaun. Im Morgendunst erkannte sie das rote Ziegeldach des Farmhauses der Labots, der reichsten Farmer weit und breit. Vielleicht sogar der reichsten Farmer in ganz Kenia.
Serah winkte den weißen Zeburindern zu, die auf der anderen Seite des Zauns nach Futter Ausschau hielten. Sie rannte weiter. Immer am Zaun entlang. An seinem Ende empfingen sie die riesigen Kandelaber-Kakteen, die min-

destens doppelt so groß waren wie sie selbst. Und furchtbar stachelig. Hinter den Kakteen musste Serah nur noch einen Hügel hinauflaufen, allerdings einen ziemlich steilen Hügel. Oben angekommen, sah sie bereits die ersten Wellblechhütten von Makutano. Jetzt war es nicht mehr weit. Die staubige Straße entlang bis zur Kreuzung, dann rechts. Serah gab noch mal Gas und bog atemlos in den Schulhof ein.

Zu spät. Alle saßen schon in ihren Klassenzimmern mit dem gestampften Lehmboden, den gelb-grün bemalten Lehmwänden, dem Wellblechdach und den langen Tischen und Bänken, an denen zehn Schüler Platz fanden. Außer Puste zog sich Serah ihre Schuhe an, die sie in der Schule tragen musste. Das war Vorschrift. Schuhe waren furchtbar, Serah fühlte sich darin wie eingesperrt. Zaghaft klopfte sie dann an die Tür.

„Herein."

Serah konnte sich lebhaft vorstellen, was sie gleich zu hören bekam. Sie atmete noch einmal tief durch, bevor sie leise öffnete.

„Ah, Fräulein Serah Omondi gibt uns auch die Ehre. Zu spät zwar, aber das ist ja nichts Neues", empfing Frau Mulei sie in herablassendem Ton. „Was ist denn heute der Grund für die Verspätung?"

„Entschuldigung." Mehr brachte Serah nicht heraus.

Was hätte sie auch sagen sollen? Etwa, dass heute Morgen schon alles schiefgegangen war? Dass sie sich beim Wasserholen am Fluss besonders beeilt hatte, um pünktlich zu sein, und in ihrer Hast über einen Stein gestolpert war? Dass dabei der schwere gelbe Wasserbottich, den sie auf ihrem Kopf balancierte, bedrohlich gewackelt hatte? Dass er zwar nicht heruntergefallen, aber ein Großteil des Wassers herausgeschwappt war, sodass Serah nicht nur nass geworden war, sondern auch noch einmal zurück zum Fluss musste, um den Bottich erneut aufzufüllen? Hätte sie das der grimmig dreinschauenden Mulei sagen sollen? Oder dass sie anschließend den Zwillingen Beldine und Moses das Frühstück gemacht hatte, bevor sie die beiden zu ihrer Mutter aufs Feld gebracht hatte, die dort schon seit zwei Stunden schuftete? Hätte sie das alles ihrer Lehrerin erzählen sollen, die in ihrem engen blauen Kostüm am Pult saß und eher wie eine Frau aus der Großstadt aussah als wie eine Lehrerin vom Land? Hätte sie ihr das alles sagen sollen? Etwa auch, dass die kleine Beldine sich nach dem Frühstück übergeben musste? Dass Serah ihre kleine Schwester umziehen, ihr Kleidchen auswaschen und zum Trocknen aufhängen musste? Erst als sie die Zwillinge zur Mutter gebracht hatte, konnte Serah zur Schule losspurten.

Aber neun Kilometer waren neun Kilometer. Für den Schulweg brauchte sie eben lange, auch wenn Serah schnell rennen konnte. Das alles hätte Frau Mulei nicht im Geringsten beeindruckt. Nicht bei Serah, denn sie gehörte leider nicht zu ihren Lieblingen. Serah und ihre Freundin Vinick hatten es bei der Mulei nicht leicht. Die Mädchen fanden keine Erklärung dafür. Vielleicht gab es auch keine.

Jedenfalls konnten sie es der Lehrerin eigentlich nie recht machen. Selbst wenn sie die Hausaufgaben ordentlich und ohne Fehler in ihr Heft geschrieben hatten, entdeckte die Mulei noch ein winziges Eselsohr am Heftrand oder ein Wort, das drei Millimeter über den Rand schaute. Schon meckerte die Lehrerin los. Wenn sie besonders schlechte Laune hatte, mussten Serah und auch Vinick die Aufgaben neu machen. Dagegen konnten Betty und Thomas noch so schlampig schreiben oder auch ein ganzes Wort über den Rand hinauskritzeln. Ihre Lieblinge lobte die Mulei trotzdem. Zu dumm, dass Frau Mulei nicht nur ihre Lehrerin, sondern auch die Schulleiterin der kleinen Dorfschule „Saint Mary“ in Makutano war.
„Entschuldigung“, sagte Serah noch einmal und setzte sich neben Vinick.
„Wir sprechen uns nachher noch“, erwiderte Frau Mulei nur.
Vinick nickte Serah aufmunternd zu. Die versuchte sich irgendwie auf die Englischstunde zu konzentrieren.
Plötzlich klopfte es erneut. Automatisch drehten sich alle Köpfe zur Tür. Herr Wambui, der Besitzer des Dorfladens und gleichzeitig der Bürgermeister von Makutano, trat herein. Sofort stand die ganze Klasse auf und sagte im Chor: „Gu-ten Mor-gen, Herr Wam-bui.“
„Guten Morgen, Kinder. Frau Mulei“, er nickte der Lehrerin nur zu. Jeder im Dorf wusste, dass die beiden alles andere als Freunde waren. Frau Mulei schaute ihn mit zusammengekniffenen Lippen an. Sie fand es unverschämt, dass er

einfach so in ihren Unterricht reinplatzte. Nun stellte sich Herr Wambui auch noch direkt neben sie ans Pult. Dabei war das Pult ihr Herrschaftsbereich, da hatte dieser dickliche Dorfladenbesitzer wirklich nichts zu suchen, dachte die Mulei, während sie ihn mit arrogantem Blick von oben bis unten musterte.
Herr Wambui, der zwar die Gedanken der Mulei nicht kannte, wusste aber, dass sie ihn nicht leiden konnte. Das beruhte durchaus auf Gegenseitigkeit. Herr Wambui fand die Lehrerin zickig und hochnäsig. Und wie sie rumlief! Ständig zwängte sie sich in viel zu enge Kostüme oder Kleider. Jedenfalls genoss es Herr Wambui sichtlich, neben ihr zu stehen. Er hatte es nicht eilig, darum lächelte er erst den Kindern zu, dann streichelte er seinen Bauch, über dem sich das beigefarbene Hemd spannte. Er tat so, als bemerke er nicht, dass die Mulei ungeduldig mit den Fingerspitzen aufs Pult trommelte. Insgeheim freute er sich über ihre Ungeduld und zögerte seine Nachricht noch ein paar Augenblicke hinaus.
„Na, Kinder, geht es euch gut?“
Alle standen auf und antworteten: „Ja, Herr Wambui.“
Auch Serah sagte: „Ja, Herr Wambui“, obwohl es ihr nicht so gut ging. Sie hatte leichtes Bauchweh. Denn das Mulei-Donnerwetter, das nachher auf sie losprasseln würde, schlug ihr schon jetzt auf den Magen. Aber sie mochte Herrn Wambui, der ihr manchmal ein Bonbon zusteckte, und sie wollte den netten Mann nicht enttäuschen. Was hätte es auch genützt, wenn sie „Nein“ geantwortet hätte?

Herr Wambui hätte sie dann sicherlich nach dem Grund gefragt, und sie hätte gestehen müssen, dass sie Angst vor dem Mulei-Donnerwetter hatte. Das hätte ihre Lehrerin nur noch wütender gemacht.

Wütend war die Mulei auch so schon. Ihr Mund war nur noch ein schmaler Strich, so sehr presste sie die Lippen zusammen. Dann hielt sie es nicht mehr aus, und es platzte bissig aus ihr heraus: „Sie wollen sich doch sicherlich nicht nur erkundigen, wie es meinen Schülern geht."
Herr Wambui strich sich erneut über den Bauch, grinste in die Klasse, drehte sich dann langsam zur Mulei und sagte mit tiefer Stimme: „Aber nein, Frau Mulei. Natürlich möchte ich auch wissen, wie es Ihnen geht."
In der Klasse wurde gekichert. Die Augen der Mulei waren nur noch zwei Schlitze. Es war schwer zu sagen, über wen sie sich mehr ärgerte. Über die kichernden Kinder oder den unverschämten Wambui.
Mit einem Dauerblinzeln fuhr dieser fort: „Gerade bekam ich einen Anruf vom Schulamt. Morgen bekommt unsere Saint Mary School Besuch. Das Schulamt will unsere schöne kleine Schule besichtigen. Kinder, seid freundlich zu den Leuten und kommt bitte ordentlich. Keine schmutzigen Schuluniformen, verstanden? "
Alle Schülerinnen und Schüler standen wieder auf und antworteten: „Jawohl, Herr Wambui."
„Die Besucher wollen sich auch von der Schulleitung und ihrem Unterricht ein Bild machen", fügte Herr Wambui

hinzu. „Ich dachte mir, das interessiert Sie sicherlich, Frau Mulei. Darum bin ich sofort hierhergekommen, um Sie zu informieren. Vielleicht sollten Sie, Frau Mulei, morgen einen ganz besonders interessanten Unterricht machen.“ Die Wörter „Frau Mulei“ betonte er, als würde er von einer hässlichen, glubschäugigen Echse sprechen.
Serah konnte beobachten, wie ihre Lehrerin blass wurde. Sie galt nicht gerade als einfallsreich, was ihren Unterricht betraf. Genauer gesagt, machte sie den langweiligsten Unterricht weit und breit.
„Alles klar, Kinder?“
„Jawohl, Herr Wambui.“
Freundlich lächelnd verabschiedete er sich – ohne die Mulei weiter zu beachten. Die war so damit beschäftigt, die Nachricht zu verdauen, dass es ihr nicht einmal auffiel.

Am Ende des Schultages hatte es Frau Mulei so eilig, nach Hause zu kommen, um ihren Unterricht vorzubereiten, dass sie die Strafpredigt für Serah glatt vergaß. Außerdem ärgerte sie sich immer noch maßlos, dass die Schulbehörde bei Bürgermeister Wambui und nicht bei ihr angerufen hatte. Schließlich besaß sie doch ein todschickes goldenes Smartphone.
„Glück gehabt“, sagte Vinick und klatschte ihre beste Freundin ab.
„Und wie!“, entgegnete Serah erleichtert. Ihr Bauchweh war auf einmal wie weggepustet.

Am nächsten Morgen wollte Serah unbedingt pünktlich sein. Sie wollte weder Herrn Wambui noch die Mulei noch sich selbst enttäuschen. Als die Sterne noch am Himmel funkelten, erhob sie sich bereits von ihrer Schlafmatte. Die anderen schliefen noch. Sie hörte ihre Mutter leise schnarchen. Schnell zog Serah ihre Schuluniform mit dem blauen Rock und der weißen Bluse an. Vorsichtig, um kein Geräusch zu machen, schnappte sie sich den großen gelben Wasserbottich und trat vor die Lehmhütte, die den gleichen gestampften Boden hatte wie das Klassenzimmer. Der Wind strich kühl durch ihr Haar. Serah fröstelte. Ihr war mulmig zumute, als sie sich auf den Weg machte.

Die Nacht war voller Geräusche. Grillen zirpten. Das Gras der Savanne bog sich leicht rauschend im Wind. Ein Knacken im Unterholz. Was war das? Was konnte das sein? Ein Gepard? Ausgeschlossen. Geparde jagen tagsüber. Vielleicht nur eine Impala-Antilope, die von ihr aufgeschreckt worden war? Oder viel schlimmer: eine Tüpfelhyäne oder gar ein Löwe, der auf Jagd ging? Quatsch, Löwen gab es hier im Norden Kenias keine. Zumindest hatte Serah noch nie davon gehört. Ein Elefant? Ein Räuber? Ein Dieb? Vielleicht doch eine Tüpfelhyäne, die sich über ein totes Tier hermachte und die ziemlich sauer werden würde, wenn jemand sie bei ihrem Festmahl störte.

Serah lauschte gebannt. Doch außer den Grillen und dem Gras war nichts mehr zu hören. Sie musste weiter, den Weg entlang, den sie bei Tageslicht schon Hunderte, vielleicht sogar Tausende Male gegangen war. Von dem sie dachte,

Auf dem Chadar im Himalaja

Titicacasee – mit dem Ruderboot zur Schule

Schulkinder in Kenia

Iranisches Dorf Abyaneh

Schulweg in Rom

dass sie jeden Strauch, jeden Stein, jedes Staubkorn kennen würde.

Doch in der Dunkelheit erschien ihr der Weg fremd. War das schon die Biegung beim Dornenbusch, der gerade die kleinen gelben Früchte trug? Oder war es erst die Biegung, an der sich die Eidechsen so gerne sonnten? War da wieder ein Knacken? Ein Tier oder nur ein Ast im Wind? Ach, wenn sie doch schon am Fluss wäre.

Vor Angst hatte sie eine Gänsehaut. Verzweifelt schaute Serah nach oben zum Himmel, als ob von dort Hilfe zu erwarten wäre. Tausende Sterne, Millionen Sterne, eine ganze Milchstraße voller Sterne leuchteten dort. Wie wunderschön. Und mittendrin in diesem Glanz leuchtete ein Stern ganz besonders hell. Er schien zu blinken, oder zwinkerte er ihr zu? Serah zwinkerte zurück.

Sie konnte es sich zwar nicht erklären, aber plötzlich war sie voller Zuversicht. Klar, sie war bereits an der Biegung beim Dornbusch. Nur noch ein-, vielleicht zweihundert Meter bis zum Fluss. Und das Knacken, das war doch nur ein Ast im Wind.

In der rötlichen Morgendämmerung füllte sie das Wasser in den Bottich. Summend machte sich Serah auf den Rückweg. In der Ferne hörte sie den ersten Hahnenschrei. Sie schaute noch einmal zum Himmel, doch die Sterne waren nicht mehr zu erkennen.

„Du warst heute aber schon früh unterwegs, Chepkite", begrüßte die Mutter sie mit sanfter Stimme. Chepkite bedeutet in der Sprache der Kikuyu „Kleine", das war immer

noch Serahs Kosename, und das, obwohl die Zwillinge jünger und natürlich viel kleiner waren als sie selbst. Doch für ihre Mutter war und blieb sie Chepkite.
„Ich muss heute unbedingt pünktlich in der Schule sein“, sagte Serah und fütterte die gackernden Hühner, während die Mutter ein Feuer für den Frühstücksbrei entfachte.
„Gut so, Chepkite. Du bist fleißig, ich bin so stolz auf dich. Aber vor der Schule musst du noch die Zwillinge zu Mama Busia bringen. Ich gehe gleich auf den Markt und verkaufe ein paar Tomaten. Dann reicht das Geld, bis Vater nächste Woche kommt. – Hoffentlich“, fügte sie kaum hörbar hinzu.

Vater. Serahs Gesicht hellte sich auf. Wie lange hatte sie ihren Vater nicht gesehen? Mehrere Wochen? Oder Monate?
Nächste Woche würde er kommen und neue Abenteuergeschichten mitbringen. Manche davon dachte er sich am Steuer seines Lastwagens aus, wenn er Kilometer für Kilometer über den Trans-African Highway bretterte. Von Mombasa nach Uganda. Oder von Uganda nach Mombasa. Tausende von Kilometern. Unentwegt. Manche seiner Geschichten erlebte Vater selbst.
Gab es etwas Schöneres, als auf Vaters Schoß zu sitzen, seinen Geruch nach Diesel und Schweiß und Weite und frisch gewaschenem Hemd einzuatmen und seinen Geschichten zu lauschen? Jedes Mal musste Serah erraten, ob es sich um eine wirkliche oder eine ausgedachte Geschichte

handelte. Nein, es gab nichts Schöneres als diese Zeit mit ihrem Vater.
Serah erinnerte sich noch gut an die letzte Geschichte: Ihr Vater erzählte, wie er eine Pause einlegte, nachdem er bereits sechs Stunden am Stück gefahren war. Müde saß er am Straßenrand unter einem Mangobaum. Weil er Lust auf eine Mango hatte und der Baum über ihm voller Mangofrüchte hing, stibitzte er eine. Nun lehnte er am Stamm des Mangobaumes und war schrecklich müde. Schließlich hatte er viele Stunden hinterm Lenkrad gesessen. Noch bevor er sein Taschenmesser hervorholen und die Mango schälen konnte, war er eingenickt. Als er wieder aufwachte, saß ein kleines Äffchen auf seinem Schoß und knabberte an der Mango. Der Vater verharrte regungslos, um das Äffchen nicht zu erschrecken. Mal öffnete er das rechte, dann wieder das linke Auge und beobachtete das forsche kleine Äffchen mit dem lustigen Mittelscheitel. Als es den Vater an den Füßen juckte, weil ein paar Ameisen in seine Sandalen gekrochen waren, bewegte er sich. Das Äffchen erschrak und machte sich aus dem Staub. Aber nicht, ohne die angeknabberte Mango mitzunehmen.
Wahr oder ausgedacht?
„Eindeutig ausgedacht“ war Serahs erste Reaktion. Affen sind viel zu scheu, um auf den Schoß eines Menschen zu klettern und eine Mango zu essen. Schon gar nicht, wenn es einen Baum voller Mangos gibt.
Doch dann wechselte sie zu „wahr“. Eine Begründung hatte sie nicht, es war nur so ein Gefühl. Vielleicht gab es ja

weniger scheue Äffchen. Oder Äffchen, die Kontakt mit Menschen hatten.
„Nein, ausgedacht“, entschied sie sich noch einmal um. Äffchen, die Kontakt mit Menschen haben, das schien ihr doch zu weit hergeholt.
„Was denn nun?“, fragte der Vater.
„Wahr?“ Serah blieb unsicher. Sie wusste einfach nicht, was sie sagen sollte. Ihr Vater amüsierte sich darüber.
Doch anstatt ihr die Lösung zu verraten, meinte er: „Wenn wir uns das nächste Mal wiedersehen, verrate ich dir, ob richtig oder falsch, wahr oder ausgedacht.“
Da half alles Protestieren nichts und auch kein Betteln oder Schmeicheln. Serah musste sich gedulden, bis ihr Vater wieder ein paar Tage Urlaub hatte und bei seiner Familie vorbeischauen konnte.

Doch nun blieb keine Zeit zum Träumen. Erst schlang Serah selbst ihren Maisbrei hinunter, dann fütterte sie die Zwillinge. Den Hof würde sie heute Abend kehren, genauso wie die Schlafmatten ausklopfen und das Geschirr spülen. Beldine blickte sie aus glasigen Augen an.
„Fühlst du dich immer noch nicht wohl, meine Süße?“, fragte sie ihre Schwester besorgt. Beldine konnte zwar noch nicht sprechen, aber ihr müder Blick beantwortete die Frage auch so. „Wir müssen trotzdem zu Mama Busia.“
Zum Glück war es nicht weit bis zu Mama Busias Hütte. Serah schnappte sich den Rucksack, in dem ihre Schulsachen und die Schuhe steckten. Auf den linken Arm setzte

sie Moses, auf den rechten Beldine. Normalerweise rannte sie zu Mama Busia und brauchte nicht länger als eine Viertelstunde. Doch weil die kleine Beldine nicht gesund war, verzichtete sie auf die Rennerei, stattdessen ging sie mit zügigen Schritten durch das hohe, trockene Gras.
Mama Busia war der rettende Engel für alle in der Umgebung. Sie war alt, hatte fast keine Zähne mehr, aber ein großes Herz. Egal, ob man dringend etwas Maismehl oder eine Hacke ausborgen wollte oder einen Babysitter brauchte, Mama Busia sagte nie nein. Dafür liebten sie alle. Und es gab niemanden, der seine Schulden bei Mama Busia nicht beglichen hätte.
„Wen haben wir denn da?", begrüßte Mama Busia die drei Kinder.
Serah brauchte nichts zu sagen. Mama Busia wusste sofort, dass sie heute gefragt war. In der kleinen Wellblechhütte von Mama Busia war es schon so früh am Morgen brütend heiß.
„Bist ein tüchtiges Mädchen", lobte sie Serah und strich ihr zärtlich über den Kopf, bevor sie ihr die Zwillinge abnahm. Moses war gern bei Mama Busia, die so schöne Lieder sang. Doch Beldine begann zu schreien und boxte mit ihren kleinen Fäusten um sich. Sie wollte nicht zu Mama Busia, sie wollte bei ihrer großen Schwester bleiben.
„Das geht jetzt nicht, meine Süße", redete Serah auf sie ein. „Ich muss zur Schule. Ich muss unbedingt pünktlich sein."
Doch Beldine schrie weiter und klammerte sich verzweifelt an Serah. Die versuchte sich sanft, aber doch bestimmt zu

befreien. Und dann passierte es: Beldine übergab sich auch heute. Direkt auf die weiße Bluse von Serahs Schuluniform!
„Oh nein“, rief sie entnervt und angewidert.
Beldine erschrak, ließ die Schwester los. Schnell stellte Serah ihre kleine Schwester auf den Boden, die sich an die Knie von Mama Busia klammerte. Die alte Frau nahm sie in die Arme und trocknete ihre Tränen.
„Am Brunnen hinterm Haus kannst du dich sauber machen“, sagte Mama Busia zu Serah. Sie versuchte es. Doch so viel sie auch wischte und rubbelte, es blieb ein unübersehbarer Fleck. Um den Fleck richtig auszuwaschen, wären warmes Wasser und Waschpulver nötig gewesen. Doch dafür hätte sie erst ein Feuer entfachen und das Wasser erwärmen müssen. Dazu war absolut keine Zeit. Der hartnäckige Geruch von Erbrochenem hing ihr in der Nase. Es war widerlich. Und peinlich. Ausgerechnet heute. Selbst wenn sie Zeit gehabt hätte, hätte sie die Bluse nicht wechseln können. Serah besaß nur diese eine Bluse, sonst gab es nur noch zwei verschlissene, ausgebleichte T-Shirts in ihrem Fach in der Kommode.
Sie musste dringend los. Schnell küsste sie die Zwillinge auf die Stirn, warf auch Mama Busia eine Kusshand zu und lief los.

Sie rannte, so schnell sie konnte. Spürte die Dornen nicht, nahm kaum Notiz von der Flötenakazie, überlegte sich nicht, ob im hohen Gras ein Gepard jagen könnte oder ihr beim Termitenhügel auflauerte. Serah rannte: kraftvoll,

leichtfüßig und schnell. Der Elektrozaun. Die Zeburinder. Die Kandelaber-Kakteen. Den Hügel spurtete sie nach oben, so schnell wie noch nie. Bei den ersten Wellblechhütten versuchte sie noch einen Zahn zuzulegen.
„Schneller, schneller. Ich muss pünktlich sein“ war das Einzige, was sie denken konnte. „Schneller!“
Keuchend bog sie in den Schulhof ein. Die letzten Schüler verteilten sich gerade in ihren Klassenzimmern. Serah lief hinterher. An der Tür stand Frau Mulei mit strengem Blick. Abwechselnd schaute sie den kurzen Flur entlang und zur Frau vom Schulamt, die neben ihr stand.
Unmerklich atmete Frau Mulei auf, als Serah angespurtet kam. Doch als sie genauer hinschaute, wollte sie ihren Augen nicht trauen. Serah kam barfuß angefegt, und schon von Weitem war der Fleck auf ihrer Bluse zu erkennen.
„Wo sind deine Schuhe?“, fauchte die Lehrerin sie zur Begrüßung an. Und an Frau Odeke, die Frau vom Schulamt, gerichtet: „Serah ist unser Problemfall.“
„Entschuldigung, Frau Mulei“, presste Serah zwischen zwei Atemzügen hervor.
„Du bist aber gerannt“, sagte Frau Odeke freundlich. „Wo wohnst du denn?“
Serah japste nach Luft. „In, in …“ Sie konnte noch nicht sprechen.
„In einem winzigen Dorf, neun oder zehn Kilometer von hier“, kam Vinick ihr zu Hilfe.
„Und du bist den ganzen Weg gerannt?“
Serah nickte.

„Ist es wirklich so weit?“, wollte sich Frau Odeke, die Schulamtsfrau, vergewissern.
Die Mulei zuckte nur mit den Schultern. Darüber, wo ihr Problemfall wohnte, hatte sie sich noch nie Gedanken gemacht.
„An der Flötenakazie bei der Labot-Farm ist ungefähr Halbzeit“, sagte Serah immer noch keuchend.
„Den Baum kenne ich, den hat mir Herr Labot mal gezeigt. Dann musst du auch noch den Berg hochrennen.“
Serah nickte.
Frau Odeke schien zu überlegen. „Wer hat denn hier die letzten Schulmeisterschaften im Laufen gewonnen?“
„Schulmeisterschaften? So etwas gibt es bei uns nicht“, meinte Frau Mulei mit leicht herabgezogenen Mundwinkeln. Die Mulei hasste Sport. Sie bewegte sich keinen Meter mehr als unbedingt notwendig.
Frau Odeke hingegen hielt immer Ausschau nach neuen Lauftalenten. Und sie war sehr stolz, dass sie Jemima Sumgong entdeckt hatte, die bei den Olympischen Spielen in Rio de Janeiro im Marathon Gold gewonnen hatte.
„Keine Schulmeisterschaften? Dann wird’s aber Zeit. Ich ordne ein 800-Meter-Rennen um die Schulmeisterschaft an. Und zwar in einer halben Stunde“, sagte Frau Odeke bestimmt.
Der Blick, der Serah traf, war eisig. Denn nun konnte Frau Mulei ihre ausgezeichnet vorbereitete Mathestunde vergessen. Und vermutlich die Beförderung, auf die sie heimlich gehofft hatte. Die Mulei träumte davon, in der Haupt-

stadt Nairobi zu leben. Sie hasste es, hier auf dem Land zu sein, wo nichts los war. Wo es nicht einmal ein anständiges Restaurant gab. Der Dorfladen von Herrn Wambui war der einzige Treffpunkt. Was für ein heruntergekommener Treffpunkt, dachte sie sich jedes Mal.
Eines Tages kam sie in den Laden und drängte sich mit den Worten vor: „Ich hab's eilig. Bin ja wohl die Einzige, die viel zu tun hat." Schon damals dachte die Mulei, dass sie etwas Besseres sei als die anderen.
Als Herr Wambui sie dennoch warten ließ, rief sie empört: „Dorfgesindel. Landeier" – und rauschte davon.
Das hatte niemand vergessen. Manchmal saßen einige Bewohner von Makutano unter dem großen Mangobaum zusammen. Sie plauderten miteinander oder spielten Karten. Einmal wollte sich Frau Mulei dazusetzen, doch sofort verstummten die Gespräche, und alle schauten zu Boden. Niemand wollte mit ihr sprechen. Erst als die Mulei wieder gegangen war, fuhren die Leute mit ihrer Unterhaltung fort. Mehr denn je wollte Frau Mulei nach Nairobi, aber das ging nur, wenn sie zeigen konnte, was für eine gute Lehrerin sie war.

In der Zwischenzeit versammelten sich alle Schülerinnen und Schüler der Saint Mary School auf dem knochentrockenen Sportplatz. Ein paar hatten ihre Sportkleidung dabei. Der Rest wartete in der Schuluniform auf den Start. Auch Serah. Sie hatte sich von ihrem morgendlichen Lauf wieder gut erholt und fühlte sich ausgezeichnet, vor allem auch weil Mathe ausfiel. Frau Mulei stand abseits. Ihre Mundwinkel zuckten, wie immer, wenn sie beleidigt war. Gleichzeitig überlegte sie fieberhaft, wie sie diese Frau Odeke doch noch von ihren Fähigkeiten überzeugen könnte.

Endlich durfte Serah an den Start. Frau Odeke hatte bestimmt, dass Serah mit größeren Jungs, mit James, David und Kennedy, laufen sollte. Vier Runden würden sie über den unebenen Platz rennen. Frau Odeke klatschte in die Hände, das war das Startzeichen.
Serah rannte los, barfuß und mit wehendem Rock. Sie wollte ihr Bestes geben, um mit den Jungs mitzuhalten. Doch nach 100 Metern war sie bereits an Kennedy vorbei, kurz darauf an David. Dabei rannte Serah noch nicht so schnell, wie sie konnte. James hielt mit ihr mit. Mal war er ein paar Zentimeter vorne, mal Serah. Nie im Leben hätte sie gedacht, dass die Jungs langsamer wären als sie. Ihr Ehrgeiz erwachte. Nach den ersten drei Runden stellte sie sich vor, dass gleich die Schulglocke läuten würde und sie gerade erst bei den Wellblechhütten war.
Die ganze Schule sah zu und staunte, wie Serah plötzlich davonzog. Zehn Meter hatte sie James schon hinter sich gelassen, dann 20. Erst ging ein Raunen durch die Menge, dann feuerten alle Serah an. Sogar Frau Mulei schaute gebannt auf ihre Schülerin, die über den Platz zu fliegen schien.
Da! Serah war im Ziel! Sie strahlte, und der Fleck auf ihrer

Bluse leuchtete wie eine Medaille. Alle klatschten und tobten, und Frau Odeke, die die Zeit gestoppt hatte, schüttelte immer wieder den Kopf.
„Unglaublich, Serah, du bist beinahe Landesrekord in deiner Altersklasse gelaufen. Und das mit Rock und barfuß. Das ist fantastisch. Absolut fantastisch.“
Nun lief auch James durchs Ziel. Er keuchte und japste nach Luft. Die beiden anderen hatten noch gut 30 Meter vor sich. Im Ziel waren alle drei völlig außer Puste und schüttelten genauso ungläubig den Kopf wie Frau Odeke. Außerdem war es ihnen etwas peinlich, dass ein Mädchen so viel schneller gelaufen war als sie.
Und Serah? Die freute sich über den Applaus und strahlte alle an. Gleichzeitig wunderte sie sich, dass wegen etwas so Normalem wie Laufen solch ein Jubel ausbrach. Es war doch das, was sie jeden Tag machte, länger sogar und oftmals auch schneller.
Sogar Herr Wambui ließ es sich nicht nehmen, Serah zu gratulieren. Nicht nur weil er wusste, dass sich Frau Mulei darüber ärgern würde. Nein, Herr Wambui mochte das schnelle Mädchen, das manchmal nach der Schule bei ihm einkaufte. Dann musste sie die Einkäufe den ganzen weiten Weg nach Hause tragen. Auf dem Kopf natürlich. Er mochte Serah auch, weil sie höflich war und meistens ein Lächeln auf den Lippen hatte.
„Serah Omondi, ich gratuliere dir zum ersten Platz“, sagte Herr Wambui feierlich und schüttelte Serah lange die Hand.

„Danke, vielen Dank, Herr Wambui", freute sie sich. Schließlich kam es nicht alle Tage vor, dass der Bürgermeister ihr die Hand schüttelte, auch noch vor der ganzen Schule. Und vor Frau Mulei.
„Da ich so schnell keine Medaille auftreiben konnte", fuhr Herr Wambui fort, „darfst du später zu mir in den Laden kommen und dir Süßigkeiten aussuchen."
Serah strahlte. Wie oft stand sie schon vor dem Regal mit den Schokoriegeln und Fruchtgummis. Nie hatte sie Geld für Süßigkeiten. Herr Wambui machte ihr damit ein wunderbares Geschenk.

Frau Odeke nahm sie lächelnd zur Seite und legte ihre Hände auf Serahs Schultern. „Das war große Klasse. Du bist ein echtes Naturtalent, Serah. Hast du schon mal von Jemima Sumgong gehört? Oder von Eliud Kipchoge? Von Abel Kiruiaus? Oder Tegla Loroupe?"
Serah schüttelte den Kopf.
„Das sind oder waren alles Weltklasseläufer. Die besten Läufer der Welt, verstehst du? Olympiasieger, Weltrekordler. Alle kommen sie aus Kenia, und fast allen erging es so wie dir. Tegla Loroupe zum Beispiel hatte 23 Geschwister. Sie musste erst die Kleineren füttern, bevor sie selbst zur Schule gehen konnte. Egal, wie früh Tegla aufstand, es passierte immer etwas Unverhofftes, sodass sie jeden Tag zur Schule rennen musste."
Serah seufzte und dachte an Beldine und Moses. Wie gut sie Tegla verstand. „Was ist aus Tegla geworden?"

„Tegla gewann viele Marathonrennen in der ganzen Welt und war lange Jahre die beste Marathonläuferin, die es gab. Mit dem Laufen verdiente sie viel Geld, sodass sie all ihren Geschwistern helfen konnte. Sie kaufte Land für ihre Brüder. Und als der Sohn einer Nachbarin schwer krank wurde, bezahlte Tegla seine Operation. Heute besitzt Tegla ein Hotel in Nakuru. Und sie hilft Kindern und dem Sport in Kenia."

Serah war sprachlos.

„Wenn du Tegla nicht kennst, dann hast du wahrscheinlich auch noch nie etwas von Bruder Colm und dem Laufzentrum in Iten gehört."

Erneut schüttelte Serah den Kopf.

„Bruder Colm ist Priester, heißt eigentlich Colm O'Connell und stammt aus Irland. Er war der Schulleiter der Saint Patrick School in Iten. Er erkannte die ungewöhnlichen Fähigkeiten seiner Schüler, sah, dass sie unheimlich schnell laufen konnten. So wie du haben die meisten einen weiten Schulweg. So wie du rennen die meisten zur Schule. Ihr trainiert, ohne es zu wissen. Jedenfalls hat Bruder Colm die meisten dieser Weltklasseläufer entdeckt und trainiert. Ich würde dich gerne Bruder Colm und Kenneth Kibet vorstellen. Kenneth ist mittlerweile der Trainer und Manager der Laufschule. Er soll dich laufen sehen. Wie wär's, kommst du gleich nach der Schule mit mir mit?"

Serah schwirrte der Kopf von all diesen neuen Informationen und Ideen, die Frau Odeke in ihr Leben brachte. „Iten? Wo ist das?"

„Iten ist 100, vielleicht 150 Kilometer von hier entfernt. Mit dem Auto dauert es nicht lange dorthin. Sicherlich können wir bei Bruder Colm übernachten, und morgen oder übermorgen bringe ich dich wieder zurück.“
Hundert Kilometer! So weit war Serah noch nie von zu Hause weg gewesen. Noch nie im Leben hatte sie woanders geschlafen als in ihrer kleinen Hütte. Und Autos kannte sie nur von außen. Nur einmal war sie im Bus nach Cheparema gefahren. Das alles klang für Serah wie ein Traum aus einer anderen Welt.
„Das geht nicht“, stammelte sie. „Ich muss die Zwillinge bei Mama Busia abholen. Und den Hof kehren. Und Mutter muss ich erst fragen. Und meine Bluse waschen. Und Frau Mulei wäre bestimmt nicht damit einverstanden. Und …“
Erst schmunzelte Frau Odeke, dann begann sie zu lachen. Auch Serah musste lachen, obwohl sie nicht wusste, warum. Aber sie mochte Frau Odeke und ihre Begeisterung fürs Laufen.
„Du hast Recht. Zuerst holen wir die Zwillinge, dann fahren wir zu deiner Mutter und fragen sie. Und um Frau Mulei werde ich mich kümmern.“

„Chepkite, was ist passiert?“, fragte die Mutter besorgt, als sie ihre Tochter mit einer fremden Frau aufs Feld kommen sah. „Und wo sind die Zwillinge?“
Mutter sah müde aus und war es auch. Der Tag auf dem Markt war anstrengend gewesen und hatte nur ein paar Schillinge eingebracht. Viel weniger, als sie sich erhofft

hatte. Sie hatte keine Ahnung, wie sie die Zeit überstehen sollten, bis ihr Mann mit seinem spärlichen Lohn kam.

„Die Zwillinge schlafen im Auto von Frau Odeke", beruhigte Serah ihre Mutter, bevor sie ihr die Frau vom Schulamt vorstellte. Frau Odeke schüttelte die Hand ihrer Mutter. „Sie haben eine außergewöhnlich talentierte Tochter", meinte sie.

Serah sah, wie ihre Mutter ratlos dreinblickte. Sie hatte keine Ahnung, worum es ging. Deshalb begann Serah zu berichten. Sie erzählte von den Schulmeisterschaften, wie sie die Jungs hinter sich gelassen hatte, und sie erzählte von Tegla Loroupe. Dann mischte sich Frau Odeke ein, schilderte Serahs Talent und berichtete von Iten und den Laufcamps und von Bruder Colm und Kenneth Kibet. Die Mutter stützte sich auf den Spaten und hörte aufmerksam zu. Nur einmal unterbrach sie Frau Odeke: „Bruder Colm?"

„Ja, Bruder Colm", antwortete die Frau vom Schulamt. „Er ist ein Mönch und leitete eine Jungenschule. Und gleichzeitig war er Trainer. Lauftrainer. Mittlerweile gibt es jüngere Trainer, wie Kenneth Kibet. Aber Bruder Colm hat immer noch einen Blick für Talente und gute Läufer. Bruder Colm und Kenneth sollen Serah laufen sehen."

Von all den Neuigkeiten schwirrte der Mutter genauso der Kopf wie zuvor ihrer Tochter. Aber es waren gute Neuigkeiten. Mutters Müdigkeit war wie weggeblasen.

„Möchtest du, Chepkite?", fragte sie deshalb ihre Tochter. Die Antwort konnte sie in Serahs leuchtenden Augen ablesen.

„Dann habe ich nichts dagegen. Bestimmt wird auch mein Mann einverstanden sein“, sagte Mutter und lächelte. Ihre Chepkite sollte ihre Chance erhalten. Auch wenn sie selbst dafür noch früher aufstehen musste und noch mehr Arbeit hatte. Das war egal. Sie würde es gerne für ihre große Kleine tun, der sie selbst nichts bieten konnte. Was würde wohl ihr Mann dazu sagen? Würde er es für eine ausgedachte Geschichte halten?

Die Sehnsucht nach ihrem Vater überfiel Serah auf dem Weg zum Auto. Ohne weiter nachzudenken, fragte sie Frau Odeke: „Dürfte ich Ihr Telefon benutzen? Ich möchte kurz meinen Vater anrufen.“ Sie hatte gesehen, wie Frau Odeke nach dem Lauf mit dem Smartphone telefoniert hatte. Weder Serah noch ihre Mutter hatten ein Handy, aber ihr Vater hatte ein uraltes Modell.
Lächelnd kramte Frau Odeke in ihrer Handtasche und reichte Serah das Smartphone. Die wählte die Nummer, die sie nie und nimmer vergessen würde. Und die sie zu jeder Tages- und Nachtzeit auswendig hersagen konnte.
„Hallo?“, hörte sie die vertraute Stimme ihrer Vaters. „Wer spricht da?“
„Ich bin’s, Serah.“
„Serah, mein Engel. Ist was passiert?“, fragte ihr Vater beunruhigt. Es kam so gut wie nie vor, dass seine Große bei ihm anrief. Es musste also etwas passiert sein.
Ihr Vater staunte nicht schlecht, als sein Mädchen sagte: „Ich möchte dir eine Geschichte erzählen. Von einem Mäd-

chen, das die Schulmeisterschaften im Rennen gewann. Sie war sogar schneller als die größeren Jungs in ihrer Schule. Das Mädchen, das in Makutano zur Schule geht, soll jetzt gleich im Auto nach Iten gebracht werden. Dort will man sehen, wie sie laufen kann. Vielleicht wird sie eines Tages eine große Läuferin, die sogar Geld damit verdienen und auf die ihre Familie dann sehr stolz sein kann. Ist die Geschichte ausgedacht oder wahr?"

Sie hörte nur das Dröhnen des Lastwagens.

„Chepkite, meine große Chepkite", sagte ihr Vater nach einer Ewigkeit. „Ich gratuliere dir!"

„Ausgedacht oder wahr?", fragte Serah zur Sicherheit noch einmal nach.

„Natürlich ausgedacht", meinte der Vater scherzend. „Genauso ausgedacht wie meine Geschichte mit dem Affen und der Mango." Er kicherte. Serah hätte wetten können, dass er in dem Moment mit den Augen zwinkerte.

„Viel Glück, meine Chepkite!"

Serah saß im Auto und ließ die herrliche Landschaft an sich vorbeirauschen. Die Landschaft Kenias mit ihren hohen Bergen, auf deren Gipfeln sogar Schnee zu sehen war, und mit den grünen Teeplantagen. Mit Straßen, auf denen das Auto entlangglitt wie auf Schienen. Manchmal holperte und wackelte es zwar, aber kein Vergleich zu dem Pfad, der zu ihrer Hütte führte. Serah kam aus dem Staunen nicht mehr heraus. Alles war so schön wie im Märchen. Sie war aufgeregt, neugierig, voller Erwartung, angespannt und

glücklich, alles zugleich. Sie wollte sein wie diese Tegla Loroupe, die sie zwar nicht kannte, die ihr aber schon sehr vertraut vorkam. Pfeilschnell und hilfsbereit.
Würde sie mit Laufen Geld verdienen, dann würde sie dafür sorgen, dass Beldine von einem guten Doktor untersucht werden würde und Mutter nicht mehr so hart arbeiten müsste. Genauso wie Vater. Er müsste dann nur mit dem Lastwagen unterwegs sein, wenn er wollte. Und für Mama Busia würde sie eine kleine Hütte kaufen, in der es nicht so heiß wäre. Und Strom würde es darin geben. In allen Hütten sollte es Strom geben. Und die Frauen und Mädchen müssten nicht mehr frühmorgens zum Fluss gehen, um Wasser zu holen. Denn im Dorf würde es einen Brunnen geben …

Es war schon später Nachmittag, als sie die Ortseinfahrt von Iten passierten. Auf einem großen roten Holzschild stand: „Welcome to Iten – The home of champions“. Gleich darauf beobachtete sie eine Laufgruppe, die in höchstem Tempo einen Anstieg hochpreschte. Es sah ein bisschen aus, als wäre eine Herde Gnus unterwegs. Obwohl Gnus keine neonfarbenen Shirts trugen. Frau Odeke bog rechts ab und parkte an einem Schulgebäude, vor dem einige Bäume wuchsen. Ganz verschiedene Bäume. Serah konnte ihren Blick nicht von ihnen abwenden.
„Das sind ganz besondere Bäume“, erklärte Frau Odeke. „Alle Läufer, die Weltrekord liefen oder ein besonderes Rennen gewannen, pflanzten hier einen Baum. Welchen würdest du pflanzen?“

„Eine Flötenakazie“, sagte Serah spontan. Dann ging sie entschlossen und zugleich freudig und leichtfüßig dem alten, aber immer noch rothaarigen Bruder Colm entgegen.

Info: Kenia ist ein Land in Ostafrika mit circa 46 Millionen Einwohnern. Die Hauptstadt heißt Nairobi. Bis 1963 war Kenia eine Kolonie Großbritanniens, seit Dezember 1963 ist es unabhängig.

In Kenia leben mehr als 40 verschiedene Volksgruppen, die mehr als 50 Sprachen und Dialekte sprechen. Die größte Volksgruppe sind die Kikuyu, es gibt unter anderem noch Luhya, Luo, Kambe und Kisii. Suaheli und Englisch sind die offiziellen Sprachen.

Die Tier- und Pflanzenwelt Kenias ist groß, viele Touristen kommen, um auf Safari zu gehen und Elefanten, Löwen, Giraffen, Büffel oder Antilopen zu sehen. Der Tourismus und der Anbau von Kaffee sind die größten Einnahmequellen des Landes.

Die Kinder gehen acht Jahre in die Grundschule, so auch Serah. Viele Kinder haben einen kilometerlangen Schulweg. Die weiterführende Schule von der neunten bis zur zwölften Klasse kostet Geld. Das können sich viele Familien nicht leisten, sodass für die meisten Schüler nach acht Jahren die Schule beendet ist.

In Kenia gibt es zahlreiche Lauftalente. Durch den Priester und ehemaligen Schulleiter Colm O’Connell wurden diese Talente entdeckt. Bruder Colm war Schulleiter in Iten, darum ist Iten heute das Zentrum der Läufer. Der 4000-Einwohner-Ort liegt 320 Kilometer nordwestlich der Hauptstadt Nairobi auf 2400 Meter Höhe. Er bietet ideale Bedingungen, um fürs Laufen zu trainieren.

مسیرهای مدرسه

Der etwas andere Schulbus

„Wo bleibt er denn?“, fragte Simin. Ungeduldig trat sie von einem Fuß auf den anderen.
„Er wird schon kommen“, meinte Nashran, die Ruhe selbst.
۲ „Vielleicht hat er uns übersehen? Er kennt uns ja nicht.“
„Wir sind aber weit und breit die einzigen Mädchen in Schuluniform“, erwiderte Nashran und zupfte an ihrem rosaroten Kopftuch, das genauso zur Schuluniform gehörte wie der weinrote Kittel mit den rosaroten Ärmelaufsätzen und die weinrote Stoffhose. Nashran trug sogar rosarote Schuhe, die allerdings gar nicht mehr rosarot aussahen, denn Nashran stand im Matsch. In diesem Moment hatte sie es bemerkt und machte einen Hüpfer zur Seite.
Alle Kinder im Iran trugen Schuluniform. Alle Mädchen mussten den Hidschab anziehen, ein Kopftuch, das alle Haare verbarg und auch den Hals.
„Vielleicht weiß er gar nicht, dass er uns abholen muss.“ Simin ließ nicht locker. Vielleicht lag es daran, dass sie fröstelte. Kein Wunder, jetzt Anfang März zog in ihrem Tal nur langsam der Frühling ein, und in den nahen Karkas-Bergen lag noch jede Menge Schnee.
„Natürlich wird er uns abholen. Das wird ihm Herr Altash schon gesagt haben. Schließlich braucht jeder Lehrer eine

Schulklasse. Wenn der Neue uns vergisst, hat er keine Schüler. Ein Lehrer ohne Schulklasse ist wie ein …“ Nashran fiel kein Vergleich ein.
„Wie ein Bach ohne Wasser“, ergänzte Simin. „Wie ein Schrank ohne Kleider. Wie ein Stall ohne Hühner, wie ein …“
„Na, Mädchen, hat euer Schulbus heute Verspätung?“, spottete nun auch noch der alte Darius, der seine zwei Ziegen in seinen Garten am Rande des Dorfes führte.
„Der Schulbus hat eine Magenverstimmung, wahrscheinlich hat er zu viel Dough getrunken“, scherzte Simin.
„Ich dachte, Schulbusse trinken Benzin, wusste gar nicht, dass sie Dough mögen. Ich mochte dieses säuerliche Joghurtgetränk noch nie“, meinte Darius und verzog das Gesicht, als müsste er Heuschrecken essen.
„Du bist ja auch kein Schulbus“, sagte Simin und zwinkerte ihm zu. Der alte Darius kicherte, während Nashran die Augen verdrehte. Sie fand Simins Späße meist nicht so spaßig. Wobei das eigentlich nicht stimmte. Sie fand Simins Sprüche oft ganz witzig, aber Nashran galt im ganzen Dorf als „das vernünftige Mädchen“. Daran hatten sich hier in Yarand alle gewöhnt, sodass sie die Rolle perfekt übernommen hatte.
Simin, mit ihrer blühenden Fantasie, spann die Schulbus-Magenverstimmung weiter: „Ach, wenn der Bus zu viel Dough getrunken hat, dann ist es wohl eher Durchfall und keine Magenverstimmung. Der Schulbus kommt nicht mehr runter von der Toilette. Armer Schulbus. Vielleicht hat sich

der Schulbus auch in der Schulbus-Toilette eingeschlossen und kommt nicht mehr raus. Was muss das für eine gewaltig große Toilette sein!"
„Du brauchst nicht von dir auf andere zu schließen", meinte Nashran, die sich sofort daran erinnerte, wie sich Simin einmal im Schulklo eingesperrt hatte. Der Riegel klemmte und ließ sich nur mit viel Kraft zur Seite schieben.
„Du meinst, ich brauche nicht von mir auf Schulbusse zu schließen", verbesserte Simin und amüsierte sich köstlich.
Nachdem sie 20 Minuten auf den neuen Lehrer gewartet hatten, wurde es ihr trotzdem langweilig. „Herr Altash war zwar nicht nett, aber pünktlich. Vielleicht ist der Neue unpünktlich, aber nett. Für einen netten Lehrer würde ich sogar noch eine weitere halbe Stunde warten", meinte sie.
So lange mussten sie nicht mehr warten, nach weiteren zehn Minuten hielt ein alter beigefarbener Saipa, die klassische iranische Automarke, an. Ein noch ziemlich junger Mann mit schwarzen Locken, dunklen Augen, einer Hakennase und einem freundlichen Lächeln kurbelte das Fenster runter. „Simin und Nashran aus Yarand?", fragte er.
Die Mädchen nickten. Insgeheim hatte Simin gehofft, dass der Neue ein schickes Auto fahren würde. Nicht so einen uralten Saipa, wie ihn jeder fuhr und in dem eigentlich nur Platz für vier Personen war. Das würde wieder eine Quetscherei geben, nachdem sie die anderen in Barz und Tareh aufgegabelt hätten.
„Schulranzen in den Kofferraum, dann steigt ein, wir sind spät dran."

„Sie sind spät dran, nicht wir", entfuhr es Simin. Sofort hielt sie sich die Hand vor den Mund. Genau wegen solch vorlauter Bemerkungen hatte sie immer Schwierigkeiten mit Herrn Altash gehabt. Wie oft hatte sie sich vorgenommen, gegenüber dem Neuen nicht vorlaut zu sein. Nun hielt sie sich bereits beim ersten Satz nicht an den Vorsatz. Simin machte sich schon auf eine Standpauke gefasst, wie sie sie bei Herrn Altash oft zu hören bekommen hatte. Selbst dann, wenn sie unschuldig war. Herr Altash mochte die pummelige, meist gut gelaunte Simin nicht. Deshalb war sie auch an fast allem schuld.

„Das Auto ist spät dran, nicht wir", erwiderte nun der Neue grinsend. „Ich wollte pünktlich losfahren, aber das Auto wollte nicht anspringen."

„Es war vielleicht noch müde", meinte Simin.

„Dabei ist es gestern früh ins Bett gekommen", schmunzelte der Neue. Er ging auf ihre spaßigen Bemerkungen ein, damit hatte er Simin von der ersten Minute an für sich eingenommen.

„Wir müssen uns beeilen", mahnte Nashran und sah auf ihre Armbanduhr. „In Barz und Tareh warten die anderen."

„Jawoll!" Der Neue tippte sich mit zwei Fingern seitlich an die Stirn und gab Gas. Und wie. Während Herr Altash die Bergstraße entlanggezuckelt war, dass man fast einschlief, quietschten beim Neuen die Reifen in fast jeder Kurve. Simin purzelte kichernd von einer Seite auf die andere, rempelte dabei gegen Nashran, die sich krampfhaft festhielt.

„Nur sechs Minuten nach Barz“, sagte Nashran nach einem erneuten Blick auf die Uhr. „Das hat Herr Altash nie geschafft.“ Ein leichtes Lächeln huschte über Nashrans Gesicht, bevor sie sagte: „Wir müssen noch um die Ecke biegen, dort wartet Navid.“

An ihrem Tonfall konnte Simin hören, dass auch Nashran den Neuen gut fand.

„Diese Häuser aus Lehm sehen toll aus“, sagte der neue Lehrer und schaute neugierig aus dem Fenster. „Eine Mischung aus Holz, Lehmziegeln und Stroh, schätze ich.“ Damit bog er in die schmale, matschige Gasse ein, in der Navid vor dem Laden seines Vaters stand.

„Warten Sie erst mal, bis wir in Abyaneh sind, das ist noch viel schöner als Barz. Von unseren vier Dörfern ist Barz eigentlich das hässlichste“, meinte Simin. „Yarand ist auf alle Fälle schöner.“

„Es wohnen mehr Leute in Barz als in Yarand. Bei uns sind es 130, in Barz 280“, fügte Nashran, die Zahlenexpertin, hinzu.

Der Neue nickte nur, bremste, schielte kurz auf seinen Zettel auf dem Beifahrersitz, kurbelte dann das Fenster runter: „Bist du Navid Irandoost?“

„Natürlich ist das Navid. Wer denn sonst?“, sagte Simin schon wieder vorlaut. Es wollte ihr einfach nicht gelingen, den Mund zu halten. Aber die Frage des Lehrers war auch zu doof. Schließlich war Navid das einzige Kind weit und breit. Das einzige in Barz, das nach Abyaneh zur Schule ging.

Navid setzte sich neben Nashran und lächelte allen freundlich zu. Navid war der Liebling der Mädchen der Klasse, eigentlich der ganzen Schule. Die Schule in Abyaneh bestand nur aus acht Schülern, die aus vier Dörfern kamen. Für so wenige Schüler lohnte sich kein Schulbus. Deshalb sammelte der Lehrer die Schüler mit seinem Auto ein.

„Sind Sie der neue Lehrer?“ Ein Mann stand neben dem Auto.
Der Neue nickte. Nashran schaute auf ihre Armbanduhr.
„Ich bin Navids Vater. Bitte fahren Sie vorsichtig. Die Strecke nach Abyaneh ist gefährlich. Wir Eltern vertrauen Ihnen unsere Kinder an – das Kostbarste, was wir haben.“
„Aber natürlich“, beruhigte ihn der Neue und stieg aus. Die Männer schüttelten sich die Hände. „Darf ich mich vorstellen, mein Name ist Khoursani“, sagte der neue Lehrer.
„Uns hat er sich nicht vorgestellt“, flüsterte Simin.
„War auch noch keine Zeit dafür“, nahm ihn Nashran in Schutz.
„Mein Vater, wie peinlich“, sagte nun Navid. „Er hat immer Angst um mich. Am liebsten hätte er es, dass ich immer bei ihm im Laden sitze oder daheim auf dem Teppich, damit mir nichts passiert. Am liebsten würde er mich in Watte packen.“
„Auch den Kopf?“, wollte Simin wissen, die Navid vor sich sah, wie er bis zu den Ohren in Watte steckte. Mit Zunge und Atem mühte er sich verzweifelt, Watteflusen von den Lippen wegzupusten. Gegen solche Bilder im Kopf konnte

sie einfach nichts machen. Ihre Fantasie bombardierte sie ständig mit Bildern von Wörtern, Sätzen und Gesprächen.

„Wir haben Zeit verloren", mahnte Nashran, als der Neue wieder im Auto saß.

„Ich gebe mir Mühe, die Zeit wieder einzuholen", versprach er und startete den Saipa. Genauer gesagt, versuchte er ihn zu starten. Dreimal drehte er den Zündschlüssel. Das Auto gab nur eine Art Husten von sich.

„Erkältet?", fragte Simin.

„Nicht schon wieder", erwiderte der Lehrer nur und öffnete die Motorhaube. Zusammen mit Navids Vater schauten sie hinein.

Der Lehrer startete den Motor erneut. Husten.

„Zündkerzen oder Zündverteiler", meinte Navids Vater fachmännisch.

Der Saipa ruckelte hin und her, weil sich Navids Vater am Motor zu schaffen machte. Nashran schaute auf die Uhr.

„Das holen wir nie und nimmer ein", sagte sie.

„Ist doch gar nicht so schlecht", entgegnete Simin, „dann ist unser Schultag heute kürzer."

Navids Vater schien sich mit Motoren auszukennen, denn als der Lehrer nun den Motor startete, sprang er sofort an.

„Ganze sieben Minuten verloren", meinte Nashran.

„Auf nach Tareh!", rief der Lehrer fröhlich. Die Verspätung schien ihn nicht besonders zu ärgern. Außerdem hatte er

das Versprechen, das er Navids Vater gegeben hatte, offenbar bereits vergessen. Denn er fuhr in die Kurven, als wären sie bei einem Autorennen.
„Hausaufgaben abschreiben wird in Zukunft schwierig“, flüsterte Simin Nashran zu. Die nickte. Wobei Nashran natürlich alle Hausaufgaben immer daheim erledigte. Bei Simin war das nicht der Fall.

„Links, nach Tareh geht’s links“, rief der aufmerksame Navid.
Im letzten Augenblick bog der Neue links ab – wieder mit quietschenden Reifen. „Danke, Navid“, sagte er anschließend und lächelte dem Jungen mit den schwarzen Locken im Rückspiegel zu. „Ich fahre die Strecke zum ersten Mal“, fügte er entschuldigend hinzu.
„Das merkt man“, sagte Simin und grinste ihren Rennfahrer-Lehrer im Rückspiegel an.
„Da vorne um die Ecke, da stehen oft Schafe.“ Navid kannte den Weg in- und auswendig, genauso wie die Mädchen. Herr Khoursani fuhr langsamer, was bei dem löchrigen Feldweg sowieso empfehlenswert war.
„Da sind sie schon!“, rief Nashran.
„Ich sehe keine Schafe“, meinte der Neue schelmisch.
„Ich meine auch keine Schafe, sondern Mehdi und Sahar, die Zwillinge, und Mahan. Sie kommen uns entgegen. Wahrscheinlich wollten sie nicht in der Kälte rumstehen“, sagte Nashran, die Unpünktlichkeit nicht leiden konnte.

„Zwei können sich auf den Vordersitz setzen, und einer geht nach hinten", sagte Herr Khoursani zur Begrüßung.
„Wir zählen nicht aus?", fragte Simin enttäuscht.
Der Neue schaute sie fragend an, und Simin begann: „Dah. Bist. See. Tchehel. Panjah. Shast. Haftad. Haschtad. Navad. Sad.
Ma mikonim sisad-ta.
Pari khanum hazer bash.
Dastmale abi bardar.
Por az Golabi bar dar.
Dar Dar Khabar dar
Maschine baba ro damee kutche
negah dar."*
Am Ende kam heraus, dass Mahan und Navid vorne saßen, was Nashran sehr schade fand.
„Geht das jeden Tag so?", wollte der neue Lehrer wissen.
„Jeden Tag", bestätigte Simin. „So ist es gerecht."
„Aber es kostet viel Zeit", meinte Nashran, der der Abzählreim eigentlich gefiel, besonders wenn herauskam, dass sie mit Navid auf dem Vordersitz sitzen durfte.
„Viel Zeit?", grinste Mehdi. „So schnell, wie Simin abzählt, dauert es nur ein paar Sekunden."

---

* Der Abzählreim heißt übersetzt:
„Zehn. Zwanzig. Dreißig. Vierzig. Fünfzig. Sechzig. Siebzig. Achtzig. Neunzig. Hundert.
Wir machen 300.
Frau Pari sei bereit.
Nimm ein blaues Tuch, fülle es mit Birnen. Halt. Halt. Achtung.
Vaters Auto hält in der Straße. Halt!"

Mehdi mochte Simin und nahm sie meistens in Schutz. Bei Herrn Altash hatte das zur Folge gehabt, dass auch Mehdi die eine oder andere Strafarbeit kassiert hatte.
Mehdi und Simin hätten Zwillinge sein können. Oder wenigstens Geschwister. Denn auch Mehdi war klein, etwas pummelig, hatte eine Stupsnase, war sehr gemütlich, fast schon faul, war aber ein prima Geschichtenerzähler. Doch nicht Simin, sondern Sahar war seine Zwillingsschwester. Das sah man nicht: Sahar war spindeldürr und hatte eine Hakennase, die ihr überhaupt nicht gefiel. Am liebsten würde sie sich eine schöne, gerade Nase operieren lassen. So wie es im Iran viele Frauen machten. Damit lag sie ihrer Mutter ständig in den Ohren, doch die wollte nichts davon wissen. Sahar sei viel zu jung, sagte sie andauernd. Außerdem sei so eine Nasenoperation viel zu teuer. So teuer könne es nicht sein, wehrte sich Sahar dann immer. Schließlich hatten sich auch ihre Tanten die Nasen operieren lassen. Und die Tanten hatten auch nicht viel Geld.

Dann gab es noch Mahan. In den letzten Wochen war er in die Höhe geschossen und nun beinahe genauso groß wie Nashran. Die sagte: „Wir sind vollzählig!“ – das Codewort. Wie jeden Tag riefen die anderen, so laut sie konnten: „Es kann losgehen!“
Der Neue grinste, nickte und gab Gas, viel zu viel für den holprigen Feldweg.
„Manno, aua“, beschwerte sich Sahar, als sie unsanft gegen die Tür gedrückt wurde. Gleich darauf sausten sie in

ein Schlagloch. Nashran und Mahan, die beiden Großen, schlugen sich die Köpfe.
„Wir haben es doch eilig", sagte der Neue fröhlich zur Entschuldigung. Alle außer Sahar und Nashran fanden seinen etwas chaotischen Fahrstil ausgezeichnet.

„Mist", rief der Lehrer und schaute auf den Tacho.
Gleich darauf sahen es auch die Kinder: eine Polizeikontrolle. Zwei Polizisten winkten das Auto zur Seite. Noch bevor der Polizist ins Auto schaute, sagte er: „Fahrzeugpapiere. Wissen Sie, dass Sie zu schnell gefahren sind?"
„Zu schnell? Bei meinem alten Auto? Das kann doch überhaupt nicht schnell fahren", meinte Herr Khoursani und fügte treuherzig hinzu: „Mit all den Kindern hier würde ich doch nicht zu schnell fahren."
Erst jetzt schaute der Polizist ins Auto. „Ach, der neue Schulbus! – Hallo, Kinder!"
„Guten Morgen, Herr Kefali", sagten sie im Chor. Obwohl der Polizist meistens nett war, hatten alle Respekt vor ihm. Selbst Simin bemühte sich – noch mehr als sonst –, nicht vorlaut zu sein.
„Wo ist denn Herr Altash?", fragte der Polizist neugierig.
„Herr Altash ist leider krank. Sehr krank. Er wird nicht mehr nach Abyaneh kommen. Wenn er wieder gesund ist, wird er in Isfahan unterrichten."
„Aha, dann sind Sie der Neue?", fragte der Polizist. Es schien ihn mehr zu interessieren als die Tatsache, dass sich sechs Kinder in den kleinen Saipa quetschten.

„Khoursani ist mein Name“, antwortete der Lehrer.
„Hoffentlich bleiben Sie ein bisschen länger in Abyaneh als die letzten Lehrer. Die Kinder brauchen Regelmäßigkeit und keine Lehrer, die abhauen, so schnell sie können“, meinte der Polizist.
Herr Khoursani nickte nur.
„Wir müssen los“, sagte Nashran mit einem Blick auf die Uhr. Die anderen staunten über ihren Mut. Einen Polizisten und den Lehrer beim Gespräch zu unterbrechen, das hätte sich keiner von ihnen getraut.
„Ihr müsst los“, entschied daraufhin auch der Polizist und vergaß sogar, dem Lehrer einen Strafzettel für das zu schnelle Fahren zu verpassen.
„Sie haben geschummelt“, meinte Mahan kurz darauf. „Sie sind nämlich zu schnell gefahren, ich hab’s genau gesehen.“
Der Lehrer grinste nur.

In rasantem Tempo fuhren sie am Hotel Abyaneh vorbei, einem fünfstockigen, hässlichen Klotz. Alle Kinder hielten sich fest, wo immer es möglich war, auch die vier, die auf der Rückbank aneinandergedrückt saßen. Aber alle hatten ihren Spaß an der wilden Fahrt. Dann tauchten die ersten Häuser des Dorfes auf. Sie waren aus rotem Ziegel und Lehm, wie alle Häuser in Abyaneh. Schließlich nannte man Abyaneh auch das rote Dorf. Mit quietschenden Reifen stoppte das Auto vor der Schule.
„35 Minuten zu spät. Rekord. Das hat noch kein Lehrer geschafft.“ Fassungslos schüttelte Nashran den Kopf.

Alle stiegen aus und streckten sich erst einmal.
„Mannometer, das war vielleicht eine Fahrt“, sagte Navid.
„Eine klasse Fahrt“, meinte Mahan.
„Du meinst, eine Klassenfahrt“, scherzte Simin.

„Wo sind Bita und Jasmin?“ Sahar schaute sich nach den beiden Mitschülerinnen um, die in Abyaneh wohnten.
„Vielleicht dachten sie, die Schule fällt aus. War ja keiner da“, meinte ihr Bruderherz Mehdi.
Endlich hatte Herr Khoursani den Schlüssel für das große, schwere Holztor gefunden. Gleichzeitig kamen auch Bita und Jasmin angelaufen.
„Wo kommt ihr denn her?“, fragte die neugierige Sahar sofort.
„Uns war kalt. Darum haben wir bei meiner Großmutter gewartet. Von ihrem Fenster aus kann man das Schultor sehen. Als ihr angebraust seid, haben wir uns von Großmutter verabschiedet“, erklärte Jasmin und zupfte an ihrem Hidschab herum. Jasmin war die Hübscheste in der Klasse und die Eitelste. Am liebsten würde sie ständig in einen Spiegel schauen.

„Los, los, rein mit euch“, mahnte der Neue, der es plötzlich eilig zu haben schien.
Alle schlüpften durch das Holztor in den Schulhof, der eher eine Mischung aus Wiese und Schrottplatz war. Seitdem die Schule Jahr für Jahr schrumpfte, wurde der Schulhof immer mehr zur Müllhalde. Nur noch ein Klassenzimmer wurde

benutzt. In den übrigen waren die Fensterscheiben eingeschlagen. Demolierte, unbrauchbare Tische lagen auf dem Schulhof, auch zwei Bänke, windschiefe Regale sowie der unbrauchbare Bildschirm eines uralten Computers. Irgendjemand hatte zwei alte Ölfässer abgeladen, Kisten, Müllsäcke und zwei ramponierte Schaufeln. Zwar gab es eine rote, zwei Meter hohe Mauer rund um das Schulgebäude, trotzdem schien der Schulhof als Müllplatz missbraucht zu werden. Das meiste lagerte um den einzigen Baum, einen Aprikosenbaum, der leckere Früchte trug.
Der Neue zog die Augenbrauen hoch. „Was für eine Sauerei! Stört euch das nicht?"
„Nicht mehr", sagten Bita, Simin und Navid wie aus einem Mund. „Wir haben uns daran gewöhnt."
Im einzigen intakten Klassenzimmer setzten sich die acht Schüler auf ihre Plätze. Die Jungs auf die linke Seite, die Mädchen rechts. Jungen und Mädchen gingen im Iran eigentlich in getrennte Schulen oder wenigstens in getrennte Klassen. Aber in einer Zwergschule wie der in Abyaneh mit nur fünf Schülerinnen und drei Schülern wäre das merkwürdig gewesen.

Der Neue räusperte sich und begann den Schultag: „Guten Morgen. Ich bin Herr Khoursani, die meisten von euch hatten schon das Vergnügen, in meinem wundervollen Auto mitzufahren. Da Herr Altash sehr krank ist, bin ich nun euer Lehrer – und euer Chauffeur."
Mahan meldete sich: „Gibt's keine Morgengymnastik?"

„Morgengymnastik?" Der Neue schaute irritiert. Dies war Herrn Khoursanis erste Stelle und sein erster Unterrichtstag, man hatte ihn direkt von der Universität nach Abyaneh geschickt. Ein Notfall sozusagen. Von Morgengymnastik hatte ihm niemand etwas gesagt.
„Bei Herrn Altash haben wir immer 15 Minuten Gymnastik gemacht", erklärte Nashran.
Herr Khoursani nickte. „Wer ist für Morgengymnastik?"
Alle außer Simin und Mehdi meldeten sich.
„Ist ja wieder typisch, unser Topoli", nuschelte Sahar vor sich hin und fügte altklug hinzu: „Ein bisschen Bewegung hat noch niemandem geschadet."
Simin drehte sich um und warf Sahar einen bösen Blick zu. Topoli hieß auf Farsi „Pummelchen", das durfte höchstens ihr Großvater sagen, denn der meinte es liebevoll. Auf gar keinen Fall durfte die eitle Sahar sie so nennen.
„Wer ist dagegen?"
Simin und Mehdi meldeten sich.
„Sechs zu zwei", stellte Herr Khoursani fest. „Die Mehrheit ist für Gymnastik. Dann machen wir Gymnastik. Das ist demokratisch."
„Das ist was?", fragte Simin, die das Wort noch nie gehört hatte. Sie war nicht die Einzige in der Klasse.
„Demokratisch. Demokratie", fuhr Herr Khoursani fort, „ist, wenn das gemacht wird, was die Mehrheit möchte. In einer Demokratie gehen die Macht und die Regierung vom Volk aus. Weil nicht das ganze Volk alles bestimmen kann, wählt man Vertreter. Politiker, die dann die Entscheidun-

gen fällen. Wir hier in der Schule sind wenige, wir brauchen keine Vertreter, wir können selbst abstimmen – die Mehrheit bestimmt. Und die Mehrheit ist für Morgengymnastik. Also Morgengymnastik."
„Aber wenn mir nicht gefällt, was die Mehrheit bestimmt?", wollte Simin wissen.
„Dann kannst du versuchen, die anderen umzustimmen. Bis dahin fügen sich alle der Mehrheit. Also Morgengymnastik."
Simin gab sich damit zufrieden. Bestimmt würde ihr etwas einfallen, um die anderen umzustimmen.
Da Herr Khoursani keine Ahnung von Morgengymnastik hatte, ließ er Mahan vorturnen. Währenddessen schaute er sich kopfschüttelnd das Chaos am Aprikosenbaum an.

Nach den ersten drei Unterrichtsstunden war große Pause. Normalerweise spielten Mahan und Navid Fußball, manchmal machte auch die stille Bita mit. Doch in dieser Pause kamen alle zusammen.
„Guter Unterricht", sagte Navid nur. Nicht nur die Mädchen nickten.
„So verständlich und abwechslungsreich", meinte Mehdi.
„100 000-mal besser als bei Herrn Altash", ergänzte Simin.
Kein Wunder, denn bei Herrn Altash hatte die Klasse die ganze Zeit laut aus den Schulbüchern vorlesen oder den Koran auswendig lernen müssen. Beides war zum Einschlafen langweilig.
„Unterrichten kann er", meinte auch Mahan fachmännisch.

„Nun müssen wir testen, ob er auch Spaß versteht. – Ich sag nur Spülmittel."
Mahan und seine Streiche! Bei Herrn Altash hatte er wenig Glück, der verstand nämlich überhaupt keinen Spaß. Nicht nur das, er bohrte auch so lange nach, bis er rausfand, wer für den Streich verantwortlich war. Schon nach kurzer Zeit war das einfach, denn fast alle Streiche gingen auf Mahans Konto. Der hatte bald so viele Strafarbeiten, dass ihm die Lust an den Streichen vergangen war.
„Was ist, wenn er genauso reagiert wie Herr Altash?", fragte Bita besorgt. Bita hatte nicht vergessen, dass Herr Altash die ganze Klasse bestrafte, wenn er nicht herausfand, wer für den Streich zuständig war. Alle mussten dann eine Strafarbeit machen und diese sogar von den Eltern unterschreiben lassen. Bei Bitas strengen Eltern war das kein Vergnügen.
„Ach, Bita, sei doch nicht immer so ängstlich." Navid lächelte sie an, und Bita seufzte entzückt.
„Seid ihr dabei?", fragte Mahan in die Runde. Alle nickten, mit etwas Verzögerung auch Bita. Flüsternd verteilte Mahan die Aufgaben: Nashran, Sahar und Simin mussten den Neuen ein paar Minuten ablenken. Bita und Jasmin standen am Fenster, sie würden gegen die Scheibe klopfen, falls Herr Khoursani zu früh Richtung Klassenzimmer ging. Navid hatte an der Schultür zu lehnen, um – falls nötig – ein letztes Ablenkungsmanöver zu starten. Währenddessen putzten Mahan und Mehdi die Tafel mit Spülmittel.

Gespannt saßen alle danach im Unterricht. Mathe. Nashrans Lieblingsfach, Sahar dagegen verstand oft nur Bahnhof. „Können Sie das bitte noch einmal erklären und an die Tafel schreiben“, fragte sie den Neuen mit Unschuldsmiene. Herr Khoursani nahm die Kreide und schrieb. Genauer gesagt, er schrieb, aber nichts war zu lesen. Er benutzte das andere Ende der Kreide – auch das schrieb nicht. Leises, unterdrücktes Kichern war zu hören. Herr Khoursani drehte sich grinsend zur Klasse: „Spülmittel? – Haben wir früher auch gemacht. Ich war übrigens der Streiche-Anführer in meiner Klasse.“

„Dann machen Streiche keinen Spaß“, meckerte Mahan. Die anderen nickten.

Herr Khoursani hob nur die Schultern.

„Morgen ist die Tafel wieder beschreibbar, wie ihr das anstellt, ist eure Sache.“ Herr Khoursani packte seine Tasche.

„Sind wir schon fertig?“, fragte Nashran, und es klang fast ein wenig traurig.

Herr Khoursani schüttelte den Kopf und zog sein graues Jackett an. „Nein, aber ohne brauchbare Tafel ist Mathe beendet. Wir gehen jetzt spazieren.“

Alle schauten sich irritiert an. „Bita und Jasmin zeigen uns ihr Dorf Abyaneh, und ihr schaut alle genau hin. Beobachtet auch Kleinigkeiten. Anschließend schreiben alle einen Text über unseren kurzen Ausflug.“

Wieder schauten sich alle verwundert an. Die Schule verlassen, so etwas war bei Herrn Altash und bei keinem anderen Lehrer je vorgekommen.

Ausgerüstet mit Block und Stift, machte sich die ganze Schule auf den Weg. Stolz führten Bita und Jasmin sie in die schmalen Gassen, durch die sich kleine Bäche schlängelten. Die Häuser waren rot gestrichen und einfach gebaut. Die Haustüren dagegen zeigten kunstvolle Verzierungen, sogar Gedichte waren eingraviert. An den Türen gab es keine Klingeln, sondern Türklopfer. Einen für den Mann, einen für die Frau. Sie machten unterschiedliche Geräusche. So wusste man im Haus, ob draußen ein Mann oder eine Frau stand. War es ein Mann, dann zogen sich die Frauen im Haus zurück oder setzten sich schnell den Hidschab auf. Denn ein fremder Mann durfte sie nicht ohne Kopfbedeckung sehen.

Ein alter Mann und zwei Frauen mit ihren langen weißen Tüchern mit farbigem Blumenmuster saßen vor dem nächsten Haus und wärmten sich an den Sonnenstrahlen. Sie verkauften getrocknete Aprikosen und Kräuter. Als sie Bita und Jasmin sahen, fragten sie: „Seid ihr nicht in der Schule?"

„Doch", entgegnete Jasmin und zupfte an ihrem dunkelroten Kittel, „wir lernen gerade."

„Tss, tss", missbilligend schüttelten die drei Alten die Köpfe. „So lernt man doch nicht. Gelernt wird in der Schule."

Als die Gruppe um die Ecke bog, standen sie schon fast vor der Moschee mit ihrem Minarett. Die blauen und gelben Kacheln des Turmes leuchteten in der Sonne.

„Was macht ihr denn hier?" Ein Mann mit schwarzer Hose und weißem Hemd, mit Schnauzbart und grauem, schütterem Haar stand vor ihnen.

„Wir gehen durch Abyaneh, Herr Bürgermeister“, sagte Jasmin mit gesenktem Blick. Vor dem Bürgermeister hatte sie Respekt, vor allem vor seiner donnernden Stimme.
„Ah, Sie sind der Bürgermeister“, übernahm Herr Khoursani das Gespräch. „Darf ich mich vorstellen: Khoursani. Ich bin der neue Lehrer.“ Er schüttelte dem überraschten Bürgermeister die Hand. „Gut, dass ich sie heute schon kennen lerne. Ich habe …“ Er zog den Bürgermeister zur Seite und redete auf ihn ein. Die Kinder konnten nichts verstehen. Zum Schluss nickte der Bürgermeister zaghaft, und sie schüttelten sich wieder die Hände.

„Das war der abwechslungsreichste Schultag, den wir je hatten“, sagte Navid am Ende des Unterrichts. Alle nickten.
„Dah. Bist. See. Tchehel. Panjah. Shast. Haftad. Haschtad.
Navad. Sad.
Ma mikonim sisad-ta.
Pari khanum hazer bash.
Dastmale abi bardar.
Por az Golabi bar dar.
Dar Dar Khabar dar
Maschine baba ro damee kutche
negah dar.“
Simin zählte ab. Dieses Mal durften Sahar und Nashran im Saipa vorne sitzen.
Herr Khoursani drehte den Zündschlüssel, der Motor gab ein kurzes, murrendes Geräusch von sich. Herr Khoursani versuchte es noch einmal. Und noch einmal.

„Hört sich nicht gut an“, sagte Mahan. Herr Khoursani nickte, stieg aus und öffnete die Motorhaube. Er ruckelte hier, ruckelte dort, machte die Haube wieder zu, startete erneut. Ein kurzes, murrendes Geräusch. Aber der Motor sprang nicht an.
„Hmm“, sagte Herr Khoursani nur und öffnete erneut die Motorhaube.
„Ob wir heute noch heimkommen?“, meinte Simin grinsend.
„Das kann dauern“, pflichtete Mehdi ihr bei.
Die eifrige Nashran holte ihr Heft aus dem Schulranzen und begann an ihrem Text über den Rundgang in Abyaneh zu schreiben.
„Chai daghe daei chaghe. Chai daghe daei chaghe. Kannst du das auch sagen?“, fragte Simin Navid. Sie liebte nicht nur Abzählreime, sondern auch Zungenbrecher.*
„Chai daghe da-ei cha-ghe.“
„Schneller, viel schneller“, feuerte ihn Simin an. „Chai daghe daie chaghe.“
Auch Sahar und Nashran übten den Zungenbrecher. „Chai daghe daie chaghe.“
Sie waren so in ‚chai daghe daei chaghe‘ vertieft, dass sie den Mann nicht bemerkten, der Herrn Khoursani zu Hilfe kam. Gleich darauf sprang der Motor an. Nun klatschten alle begeistert in die Hände.

---

* Der Zungenbrecher:
Chai daghe daei chaghe.
Der Tee ist heiß, der Onkel ist dick.

„Chai daghe daie chaghe“, begann Simin erneut, als Herr Khoursani einstieg. „Können Sie das sagen?“
Herr Khoursani konnte. Und zwar recht schnell. „Ich habe auch einen Zungenbrecher für euch: Shish sikh kebab sikhi shih shezar.“*
„Shish sikh kebab … schik …“ Simin scheiterte beim ersten Mal. Doch in solchen Sachen war sie ehrgeizig. Alle übten im Auto, bis die Ersten in Tareh ausstiegen.
„Denkt an eure Hausaufgabe“, sagte Herr Khoursani zum Abschied nicht nur in Tareh, auch in Barz und in Yarand. „Und seid morgen pünktlich.“

Der Einzige, der am nächsten Morgen nicht pünktlich war, war Herr Khoursani.
Nashran schaute alle 30 Sekunden auf die Uhr. „Wo bleibt er denn nur?“
„Wahrscheinlich schläft sein Auto wieder“, meinte Simin.
Mit 20 Minuten Verspätung kam der Saipa angerauscht. 20 Sekunden später rasten sie los nach Barz.
„Bitte stellen Sie den Motor nicht ab“, sagte Simin vorsichtshalber, als sie Navid und seinen Vater an der ungeteerten Dorfstraße warten sahen. Natürlich war das vorlaut, schließlich wusste ein Lehrer genau, was er zu tun hatte. Trotzdem wollte Simin auf Nummer sicher gehen.
„Sie sind zu spät“, begrüßte ihn Navids Vater, während sein Sohn einstieg.

* Shish sikh kebab sikhi shih shezar.
Sechs Fleischspieße, jeder für sechs Rial.

„Tut mir leid, Sie wissen ja, die Zündkerzen“, erwiderte Herr Khoursani, winkte kurz und brauste los.
Das „Fahren Sie vorsichtig und passen Sie auf unsere Kinder auf“, das Navids Vater dem Auto hinterherrief, hörten sie nicht mehr.
Obwohl Herr Khoursani aus dem Saipa alles herausholte, Mahan, Mehdi und Sahar ihnen schon fast bis zur Abzweigung an der Hauptstraße entgegengekommen waren und sie heute auch keine Polizeikontrolle aufhielt, kamen sie 16 Minuten zu spät. „Immerhin besser als gestern“, meinte Herr Khoursani und atmete seine Anspannung weg. Diese rasanten Autofahrten waren ganz schön anstrengend.
Jasmin und Bita kamen vom Haus der Großmutter. Jasmin trug eine dampfende Schüssel. „Für die Tafel“, sagte sie zur Begrüßung. Das hatten sie gestern vereinbart. Jasmin besorgte das warme Wasser, und Mahan und Mehdi würden die Tafel damit putzen, um das Spülmittel wegzuwischen. Sie fingen sofort an.
„Keine Morgengymnastik?“, fragte nun Simin.
„Doch, natürlich“, antwortete Herr Khoursani. „Wer möchte heute der Turnlehrer sein?“
Sofort meldete sich Simin. Ausgerechnet die unsportliche Simin! Topoli.
Was nun folgte, waren die anstrengendsten 15 Minuten, die es in dieser Schule je gegeben hatte. Alle keuchten, alle schwitzten. Besonders Simin und Mehdi. „Spinnst du?“, presste dieser am Ende hervor.
Als alle auf ihren Plätzen saßen und sich etwas erholt hat-

ten, fragte Simin: „Wer von euch ist immer noch für Morgengymnastik?“
Das also war Simins Taktik: eine furchtbar anstrengende Gymnastik, sodass niemand mehr Lust darauf hatte.
„Stimmen wir noch einmal ab und lassen die Demokratie entscheiden“, verkündete Simin.
„Du bist die geborene Politikerin“, meinte Herr Khoursani grinsend.
Simin stand auf: „Wer ist dafür, dass wir in Zukunft keine Gymnastik mehr machen?“ Sie meldete sich. Und Mehdi. Simin schaute sich ungläubig um. „Wer ist dafür, dass wir in Zukunft keine Gymnastik mehr machen?“, fragte sie noch einmal. Doch das Ergebnis blieb dasselbe. Sie ließ sich auf die Bank plumpsen.
„Wer ist dafür, dass wir morgens weiterhin Gymnastik machen?“, fuhr Herr Khoursani mit der Abstimmung fort. Sechs Hände gingen nach oben.
„Das gibt es doch nicht.“ Fassungslos schüttelte Simin den Kopf. Ihre Taktik war nicht aufgegangen.
„Die Morgengymnastik bleibt“, fasste der Lehrer das Ergebnis zusammen. „Und nun zu euren Texten über Abyaneh.“

Sie arbeiteten sehr konzentriert bis fünf Minuten vor der großen Pause. Da hörten sie erst das alte Schultor knarzen, dann Schritte auf dem Schulhof, gleich darauf klopfte es. Ein kräftiger Mann mit Schnauzbart, dichtem dunklem Haar und Bauchansatz, in alten Jeans und uraltem Pulli

stand in der Tür. „Guten Tag. Der Laster ist hier“, sagte er nur.
„Ausgezeichnet“, meinte Herr Khoursani. „Wir kommen gleich.“

Laster? Ein fremder Mann? Was hatte das zu bedeuten? Alle schauten sich verwundert an. Herr Khoursani rieb sich die Hände und grinste in die Runde. „Ich habe mir gedacht, wir räumen unseren Schulhof auf. Wir brauchen keine Müllhalde, sondern einen richtigen Schulhof. Dazu habe ich schon viele Ideen, aber zuerst müssen wir aufräumen.“
„Das ist aber nicht demokratisch“, beschwerte sich Simin. „Sie haben uns nicht gefragt.“
„Stimmt“, entgegnete Herr Khoursani. „Manches bestimme ich einfach völlig undemokratisch. Ich frage euch auch nicht, ob ihr heute Lust auf Mathe habt, sondern ich bestimme einfach, dass wir Mathe machen. Aber ich kann ja mal fragen: Wer ist dafür, dass wir einen schönen Schulhof haben werden?“
Alle Hände gingen nach oben.
„Und wer ist bereit, den Schulhof aufzuräumen?“
Alle Hände gingen nach oben.
„Du bist auch dafür?“, fragte Mehdi Simin verwundert.
„Natürlich bin ich dafür. Das ist eine super Aktion“, antwortete Simin. „Aber ich finde auch die Sache mit der Demokratie toll.“ Und Simin fand auch Herrn Khoursani toll, doch das sagte sie nicht.

Kurz darauf hievten sie gemeinsam schwere, aber kaputte Tische auf den Laster. Bauten alte Regale auseinander, rollten die Ölfässer durchs Schultor, kehrten Dreck zusammen, sammelten mit spitzen Fingern Glasscherben auf. Sie trugen den alten Bildschirm, Müllsäcke und die ramponierten Schaufeln zum Laster. Als alles aufgeladen war, tuckerte der Laster davon, und die Kinder waren ziemlich müde und schmutzig. Dafür sah der Schulhof jetzt schön groß aus. Riesengroß im Vergleich zu vorher.
Alle setzten sich auf den Boden unter den Aprikosenbaum, an dem schon erste Blüten hingen. Doch bisher hatte niemand davon Notiz genommen, weil der Baum inmitten des Müllchaos stand. Während sie Ideen für den Schulhof sammelten – Jasmin, Nashran und Bita waren für ein hübsches Blumenbeet, Navid für ein auf dem Boden aufgemaltes Schachspiel, Simin und Mahan für einen weiteren Baum, und die Zwillinge wollten die Schulhofmauer anmalen –, fuhr der Laster davon.

Auch dieses Mal sprang der Saipa nicht an. Herr Khoursani stand vor der offenen Motorhaube und rüttelte mal hier, mal da. Die Kinder wussten nicht, ob sie das nervig oder lustig finden sollten. Nur Nashran wusste es schon: Sie war genervt. „Jedes Mal dasselbe. Immer kommen wir zu spät. Ist das denn so schwierig, das Auto zu reparieren? Oder zu teuer?“ Ungeduldig schaute Nashran auf ihre Armbanduhr. Navid, der heute neben ihr saß, lächelte sie an und meinte: „Ich frag meinen Vater. Der hat Herrn Khoursani doch gestern geholfen. Vielleicht weiß er, wie man das Auto repariert. Und was es kostet.“

Nashran nickte und wurde ein wenig rot. Mahan, der auch auf der Rückbank saß, seufzte gespielt dramatisch: „Ach, muss Liebe schön sein.“

Simin und Sahar kicherten.

Kurz darauf sprang der Saipa an. „Wie lange hab ich gebraucht?“, fragte Herr Khoursani.

„Zwölf Minuten“, sagte Nashran.

„Es geht immer schneller“, summte Simin fröhlich. „Immer schneller. Bald kann ich nicht mehr in Ruhe auszählen, weil dann schon der Motor brummt.“

„Oder du lässt deine blöde Auszählerei einfach“, fauchte Nashran sie an, die nicht nur von der Unpünktlichkeit, sondern auch von Simins guter Laune genervt war. Am meisten ärgerte sie sich aber über Simins Abyaneh-Text. Der war von Herrn Khoursani besonders gelobt worden, auch Navid, Bita und Mahan fanden Simins Text von allen am besten. Dabei hatte sich Nashran doch solche Mühe gegeben und eine Stunde daran geschrieben. Doch Simin bekam 20 Punkte, die beste Note, und für Nashrans Text gab es nur 12 Punkte. Bei der ehrgeizigen Nashran sorgte das für extrem schlechte Laune. Besonders, weil sie bei Aufsätzen immer nur um die 10 Punkte hatte, wie jetzt auch. Während sich fast alle anderen bei Herrn Khoursani verbessert hatten. Vor allem Bita, die 18 Punkte bekommen hatte. Normalerweise war sie auch nicht viel besser als 10 Punkte.

Natürlich klappte es auch am nächsten Morgen nicht mit der Pünktlichkeit. Es regnete. Nashran und Simin standen unter dem kleinen Balkon vom Haus des alten Darius. Der kam gerade mit frischen Brotfladen an. „Fängt die Schule heute später an?“, fragte er.
„Sie fängt immer dann später an, wenn unser Schulbus das so beschließt“, sagte Simin und hüpfte fröstelnd von einem Fuß auf den anderen.
„Heute hat er das also beschlossen“, meinte der alte Darius und strich sich über seinen grauen Schnauzbart. „Wollt ihr drinnen bei mir warten, bis euer Schulbus hier ist?“, lud er die Mädchen ein.
„Ach, der kommt bestimmt gleich“, meinte Simin zuversichtlich.
„Hoffen wir's“, fügte Nashran wieder leicht gereizt hinzu.
„Dann nehmt wenigstens einen Fladen, er ist noch warm.“ Der Fladen roch herrlich, doch so einfach ging das im Iran nicht. Da war immer noch die ganz spezielle Verhaltensregel: Tarouf. Man durfte ein Geschenk, und sei es nur ein Fladenbrot, nicht einfach so annehmen. Das war unhöflich. Dreimal musste man ein Geschenk mindestens ablehnen. Das wussten auch die Mädchen, darum sagten sie wie aus einem Mund: „Nein danke, wir sind nicht hungrig.“
„Ich würde mich sehr freuen, wenn ihr das leckere Brot nehmen würdet“, sagte nun der alte Darius.
„Das können wir nicht annehmen“, entgegnete Nashran.
„Doch, das könnt ihr, denn ihr macht mir damit eine große Freude“, beharrte Darius.

Simin sah den Saipa kommen, darum kürzte sie Tarouf etwas ab. Anstatt noch ein-, zweimal zu verweigern und das Brot dann doch anzunehmen, sagte sie: „Lieber Darius, vielen Dank für das leckere Brot."
„Gern geschehen, Kinder."
Die Mädchen verstauten ihre Schulranzen im Kofferraum, erst dann gab ihnen der alte Darius den Brotfladen.
„Entschuldigung, aber Regen mag dieses Auto überhaupt nicht", sagte Herr Khoursani zur Begrüßung. Simin gab jedem ein Stück von dem frischen, noch warmen Brotfladen. Dieses Mal konnte Herr Khoursani nicht mit Vollgas fahren. Die Feuchtigkeit machte dem Auto zu schaffen. Bis Barz ging es einigermaßen, aber schon vor Tareh ging der Regen in Schnee über. In feuchten Schnee zwar, aber mit jedem Meter wurde er dichter. Im Schneckentempo krochen sie nach Abyaneh.
„Was ist los, Herr Khoursani?" Mahan wunderte sich, warum sein Rennfahrer-Lehrer heute wie ein Bummelzug unterwegs war.
„Die Reifen", antwortete Herr Khoursani angespannt, „sie sind abgefahren. Ich habe ..." Weiter sprach er nicht. Er wollte die Kinder nicht beunruhigen.
Mit 45 Minuten Verspätung kamen sie an der Schule an. Vor dem Schultor stand bereits der Bürgermeister. Seine Mütze hatte er tief ins Gesicht gezogen, seine Hände im Mantel versteckt.
„Sauwetter", sagte Herr Khoursani zur Begrüßung.
Wie Nashran schaute auch der Bürgermeister auf seine

Armbanduhr: „45 Minuten zu spät“, sagten sie wie aus einem Mund. „Rekord“, fügte Nashran noch hinzu.
„Was verschafft uns die Ehre, Herr Bürgermeister?“, fragte Herr Khoursani im Klassenzimmer. Auch Bita und Jasmin schlüpften schnell zur Tür hinein.
Der Bürgermeister hatte die Mütze abgenommen und sich den Schnee vom Mantel geklopft. „Es kamen Beschwerden.“
„Aha“, sagte Herr Khoursani nur.
Bita hätte sich am liebsten unter der Bank verkrochen.
„Bisher sind Sie jeden Tag zu spät gekommen. Das geht doch nicht! Sie müssen ein Vorbild sein!“
Herr Khoursani ließ den Kopf hängen und sagte entschuldigend: „Das Auto.“
Der Bürgermeister ging nicht auf die Bemerkung ein, stattdessen fuhr er fort: „Dann habe ich Sie selbst mit den Schülern durch Abyaneh spazieren sehen. Und es kam mir zu Ohren, dass Sie die Kinder arbeiten lassen. Eine Mutter meinte, ihre Tochter sei völlig verdreckt nach Hause gekommen. Außerdem lesen sie viel zu wenig im Koran.“
Bita wurde noch kleiner.
„Aber …“, wollte sich Herr Khoursani rechtfertigen. Doch der Bürgermeister ließ ihn nicht zu Wort kommen, sondern brüllte jetzt. „So geht das nicht, Herr Khoursani! Das wird Konsequenzen haben!“
Obwohl alle eingeschüchtert auf ihren Plätzen saßen, nahm Simin all ihren Mut zusammen und meldete sich: „Entschuldigung, Herr Bürgermeister, aber das mit dem Auf-

räumen, das war demokratisch.“ Sie wollte ihrem Lehrer unbedingt helfen.
„Demokratisch? Demokratie und Schule, das passt doch nicht zusammen. Demokratie? So einen Mist lernt ihr hier! Wer braucht schon Demokratie?! Wenn ich das melde, Herr Khoursani, sind Sie erledigt!“
Simin zitterte und riss die Augen auf. Was hatte sie da angerichtet? Sie wollte doch nur helfen, aber genau das Gegenteil war passiert. Simin wollte unbedingt noch etwas Helfendes sagen, doch sie hatte Angst, wieder genau das Falsche hervorzubringen. Sie legte die Hände vors Gesicht. Darum sah sie auch nicht, wie Nashran sich meldete. „Wir wollten alle, dass unser Schulhof wieder schön wird. Wir möchten doch keine Müllhalde. Aber wer sollte dies aufräumen, wenn nicht wir? Es sieht so auch viel schöner aus. Und es ist hygienischer.“ Nashran wusste von ihrer Freundin Jasmin, dass Hygiene das Lieblingswort des Bürgermeisters war.
„Hmmhmmmm“, knurrte der Bürgermeister vor sich hin und ging grußlos.
Im Klassenzimmer war es mucksmäuschenstill. Alle wussten, dass der Bürgermeister für mächtigen Ärger sorgen konnte. Herr Khoursani atmete tief ein und wollte mit seinem Unterricht beginnen. Er wollte so tun, als sei nichts passiert. Und dabei war er vielleicht schon in ein paar Tagen seinen Job los. Ob er dann je wieder einen bekommen würde, das konnte ihm niemand garantieren.
Bita, die die ganze Zeit keinen Pieps gesagt hatte, meldete

sich nun. „Herr Khoursani, es ist meine Schuld“, sagte sie leise. „Meine Mutter wollte ganz genau wissen, was wir in der Schule so machen. Und warum ich so schmutzig heimgekommen bin. Weil mir alles so gut gefallen hat – unser Schreib-Spaziergang durch Abyaneh, das Entrümpeln des Schulhofs und auch der Rest des Unterrichts –, habe ich ihr alles ausführlich erzählt. Auch das mit dem Zuspätkommen, aber nur weil ich es so lustig fand, dass ein Lehrer zu spät kommt. Ich hatte ja keine Ahnung, dass Mama das nicht gefällt und sie gleich zum Bürgermeister rennen würde. Ich bin schuld. Es tut mir leid.“ Bita standen Tränen in den Augen.

„Du bist nicht schuld, Bita. Du hast einfach die Wahrheit gesagt, das ist genau richtig. Wenn alle immer die Wahrheit sagen würden, dann wären wir schon einen großen Schritt weiter“, meinte Herr Khoursani und versuchte aufmunternd zu lächeln.

Mahan räusperte sich, denn er dachte daran, dass Herr Khoursani gegenüber dem Polizisten auch geflunkert hatte. Doch niemand reagierte auf das Räuspern.

In der Pause hatten sich die Schneewolken verzogen. Die Sonne ließ die dünne Schneedecke erst glitzern, dann schmelzen. Die acht standen im Kreis, dort, wo die Sonnenstrahlen wärmten, und beratschlagten.

„Demokratie“, sagte Simin, die in das Wort regelrecht vernarrt war, auch wenn es beim Bürgermeister nicht so gut ankam. „Wer ist dafür, dass wir Herrn Khoursani helfen?“

Alle meldeten sich.
„Einstimmig.“ Simin war zufrieden. „Was können wir tun?“
„Das Auto reparieren“, meinte Navid. „Mein Vater hat gesagt, dass die Zündkerzen im Auto alt sind. Die müsste man austauschen. Das kann sogar mein Vater machen.“
„Sind Zündkerzen teuer?“, fragte Bita, die immer noch ein schlechtes Gewissen hatte.
„Nein.“ Navid hatte sich schon erkundigt. „Wenn wir alle zusammenlegen, geht das.“
„Ich gebe alles, was ich habe“, meinte Bita schnell.
„Das brauchst du nicht“, entschied Simin, „wir machen das – demokratisch. Wir teilen die Summe für die Zündkerzen durch acht.“
„Gut. Dann bleibt noch das Problem mit Bitas Mutter und dem Bürgermeister“, fasste Navid zusammen.
„Was würde denn deiner Mutter am meisten gefallen, Bita?“, fragte Sahar.
Bita schloss die Augen und wandte ihr Gesicht der Sonne zu. „Ich glaube, am meisten würde ihr gefallen, wenn ich richtig gut in der Schule wäre“, sagte sie nach ein paar Minuten.
„Sind 18 Punkte in deinem Abyaneh-Text nicht gut genug?“, wollte Nashran wissen.
„Ojemine, davon habe ich meiner Mutter noch nicht erzählt. Sie hat mich gestern gleich so ausgequetscht wegen der Verspätungen und so, da hab ich die 18 Punkte glatt vergessen. Aber die findet sie bestimmt toll.“
„Nächste Woche schreiben wir Mathe“, sagte Nashran. Sie

selbst hoffte auf eine sehr gute Note, vielleicht auf die beste in der ganzen Schule.
„Iiih, Mathe“, meinte Bita nur.
„Ich kann dir helfen, wenn du willst“, bot Nashran völlig überraschend an. „Geht halt nur in den Pausen.“
„Wenn Herr Khoursani nächste Woche überhaupt noch bei uns ist“, gab Sahar skeptisch zu bedenken.
„Darum müssen wir schnell überlegen, wie wir den Bürgermeister überzeugen können“, erwiderte Navid. „Bis morgen brauchen wir eine Idee. Eine ausgezeichnete Idee.“

Obwohl Simin und Nashran darauf gehofft hatten, genauso wie Navid und die Kinder aus Tareh, kam Herr Khoursani auch diesen Morgen zu spät.
„Warum kann er nicht einfach früher aufstehen?“, fragte Nashran, während sie vor dem Haus des alten Darius auf ihren Lehrer warteten.
„Wir wissen doch gar nicht, was bei ihm daheim los ist“, nahm ihn Simin in Schutz. „Vielleicht hat er eine kranke Frau. Vielleicht muss er seine Kinder in den Kindergarten bringen, vielleicht …“
„Vielleicht hat er gar keine Frau und keine Kinder, sondern ist einfach immer unpünktlich. Es gibt solche Leute“, ergänzte Nashran.
„Du kannst ihn nicht leiden, stimmt’s?“
Nashran schüttelte den Kopf: „Stimmt nicht. Ich kann ihn sogar sehr gut leiden, aber Unpünktlichkeit, die kann ich nun mal überhaupt nicht ausstehen.“

Zehn Minuten später kam Herr Khoursani. Die Mädchen warfen ihre Schulranzen in den Kofferraum und setzten sich auf die Rückbank.
„Wieder zu spät“, sagte Nashran zur Begrüßung. Sie konnte nicht anders.
Herr Khoursani nickte, wendete und gab Gas. Er sah furchtbar müde aus. In Barz wartete Navid mit seinem Vater.
„Auch das noch“, raunte Nashran. Wenn Navids Vater da war, konnte es dauern, bis sie weiterkämen.
Navid grinste, sein Vater grinste und hob die Hände. Darin waren zwei Dinger.
„Ich baue sie Ihnen ein“, sagte Navids Vater zur Begrüßung. „Das dauert nur ein paar Minuten.“
Herr Khoursani nickte dankbar und öffnete die Motorhaube.
„Ein paar Minuten“, seufzte Nashran.
„Mensch, das sind die Zünddinger“, sagte Simin ärgerlich. Nashrans ewige Quengelei war nicht auszuhalten.
„Zündkerzen“, verbesserte Navid. „Mein Vater hatte noch zwei, die möchte er Herrn Khoursani schenken und gleich einbauen.“
„Oh, das kann dauern“, meinte Nashran und verdrehte die Augen.
„Mein Vater ist schnell, und er kennt sich mit Reparaturen aus“, verteidigte ihn Navid. „Zündkerzen sind kein Problem.“
„Mag sein, aber dann kommt noch Tarouf dazu“, sagte Nashran, die eigentlich nur Angst vor dem Bürgermeister

hatte. Der würde heute sicherlich ihre Pünktlichkeit oder Nichtpünktlichkeit kontrollieren.
„Dann müssen wir Tarouf eben abkürzen“, meinte Simin und stieg aus. „Wie viel kosten denn die Zünddinger?“, fragte sie Navids Vater.
„Die sind ein Geschenk“, sagte er und hielt bereits eine der alten Zündkerzen in der Hand.
„Nein, das kann ich nicht annehmen“, sagte Herr Khoursani.
„Doch, das können Sie“, erwiderte Navids Vater, während er die zweite Zündkerze rausdrehte.
„Vielen Dank, aber nein, das geht auf gar keinen Fall“, beharrte Herr Khoursani.
Navids Vater drückte dem Lehrer die alten Zündkerzen in die Hand. „Halten Sie. Und erfreuen Sie sich an den neuen Zündkerzen. Sie werden Ihnen das Starten erleichtern. Es ist mir eine Ehre, dem Lehrer meines Sohnes behilflich zu sein“, meinte er förmlich. Nun hatte er auch die zweite Zündkerze an die richtige Stelle geschraubt.
„Wir freuen uns sehr über die neuen Zünddinger“, mischte sich Simin vorlaut ein, aber nur um Tarouf abzukürzen. „Dann wird Herr Khoursani in Zukunft pünktlich sein, und wir müssen nicht mehr in der Kälte auf ihn warten. Vielen Dank!“
Darauf konnte der Lehrer nichts mehr sagen, außer: „Vielen Dank.“

„Gut gemacht“, lobte Nashran flüsternd, als Simin wieder im Auto saß. Herr Khoursani drehte den Zündschlüssel, und sofort sprang der Saipa an. Die Kinder und er hoben den Daumen. Navids Vater hob ebenfalls den Daumen. Problem Nummer 1 war gelöst.

Problem Nummer 2 wartete bereits vor dem Schultor. Der Bürgermeister persönlich mit rotem Kopf und sehr verärgertem Gesichtausdruck. „20 Minuten zu spät“, meckerte er zur Begrüßung. „Und das, obwohl Sie wissen, dass ich Sie im Auge habe.“

„Es tut mir leid“, begann Herr Khoursani.

Simin wollte sich eigentlich zurückhalten, doch es ging nicht. „Das Auto ist gerade repariert worden mit neuen Zünddingern. Ab morgen wird es keine Verspätungen mehr geben. Ehrlich. Der Motor springt sofort an. Wir haben es getestet.“

Simin redete, als wäre sie die Automechanikerin persönlich. Sie sagte noch etwas von Zuverlässigkeit und Pünktlichkeit und Lernen im Auto. Später wusste sie nicht mehr, was sie alles gesagt hatte. Doch der Bürgermeister blickte nun weniger ärgerlich drein und gab ein Grunzen von sich. Dann meinte er: „Also, morgen ist Ihre letzte Chance, was die Pünktlichkeit anbelangt, Herr Khoursani. Aber die anderen Vorwürfe bestehen weiter.“ Erneut grunzend drehte sich der Bürgermeister um und marschierte zurück in sein Büro.

Der Lehrer atmete tief durch, versuchte dann zu lächeln und schloss mit zitternden Händen das Schultor auf.

In der Pause bildeten die acht wieder einen verschworenen Kreis.
„Meine Mutter hat sich über die 18 Punkte so sehr gefreut, dass sie Herrn Khoursani gar nicht mehr so schlecht findet“, sagte die sonst so schüchterne Bita gar nicht mehr so schüchtern. „Ich glaube, sie unternimmt nichts gegen ihn.“
„Sehr gut“, sagte Navid und lächelte Bita an, deren Gesicht sich sofort mit Röte überzog. „Dann müssen wir nur noch den Bürgermeister überzeugen. Hat jemand eine Idee?“
Eine wirklich zündende Idee hatte niemand. Klar war nur, dass sie mit ihm reden mussten. Aber wer sollte das übernehmen?
„Soll ich auszählen?“, schlug Simin vor und wollte gleich loslegen.
„Auf gar keinen Fall!“, bremste sie Bita, die Angst hatte, dass es sie treffen könnte.
Wer sollte es machen? Simin, die am Morgen schon so gut war? Aber Simin war temperamentvoll und vorlaut, manchmal sagte sie Dinge, die dann doch nicht so gut waren. Oder Nashran? Nashran dachte analytisch und war gut mit Zahlen, aber hier ging es um anderes. Um Überzeugungskraft. Bita war zu schüchtern, die würde kein Wort rausbringen. Jasmin war zwar hübsch, aber niemand traute ihr so eine knifflige Mission zu, genauso wenig wie Sahar. Auch Mehdi und Mahan schieden aus. Also Navid.
„Stimmen wir ab“, schlug Simin zur Sicherheit vor. Doch das hätte sie sich sparen können, denn alle waren für Navid.
„Einstimmig angenommen“, strahlte Simin und spielte mit

einer schwarzen Haarsträhne, die sich von ihrem Hidschab befreien konnte.
Navid war ebenfalls einverstanden, aber nur unter einer Bedingung: „Ihr kommt alle mit!"

Am Ende des Schulunterrichts, nachdem Herr Khoursani die Hausaufgaben für den nächsten Tag genannt hatte, meldete sich Nashran: „Können wir heute etwas später losfahren, Herr Khoursani? Wir haben noch was zu erledigen."
Herr Khoursani nickte: „Na gut, dann spaziere ich noch einmal zur Burgruine. Die wollte ich mir sowieso genauer anschauen."
Der schlaue Navid war während des Unterrichts ungewöhnlich still gewesen. Alle – außer Herrn Khoursani – ahnten, dass er sich eine Strategie überlegte, wie er den Bürgermeister überzeugen könnte. Deshalb waren auch alle gespannt und etwas aufgeregt, als sie an der Tür der kleinen Amtsstube klopften. Der Bürgermeister staunte nicht schlecht: Alle Schulkinder zusammen in seinem Büro, das hatte es noch nie gegeben.
„Was verschafft mir die Ehre?", fragte er. Die Neugierde war ihm anzusehen.
Alle Kinder quetschten sich ins Büro. Es war nicht leicht, zwischen Aktenordnern und Papierstapeln einen freien Platz zu finden.
Navid räusperte sich. „Guten Tag, Herr Bürgermeister", sagte er höflich. „Ich bin Navid und komme aus Barz. Mein Vater hat dort einen kleinen Laden."

„Den Laden von Barz, den kenne ich", murmelte der Bürgermeister vor sich hin. „Meine Frau mag eure getrockneten Maulbeeren. Sie sagt, es seien die besten Maulbeeren im ganzen Tal."

„Das freut mich", erwiderte Navid lächelnd.

Simin wurde bereits ungeduldig. Wann kam Navid endlich zur Sache? Sie atmete laut aus. Nashran boxte sie leicht in die Seite und zischte: „Tsss." Sie wollte auf keinen Fall, dass Simin vorlaut dazwischenquatschte.

Bita schaute ängstlich zum Bürgermeister. Sahar und Jasmin lächelten ihn freundlich an. Und die Jungs hatten die Arme vor der Brust verschränkt. Es wirkte entschlossen, dabei hatten sie bloß keine Ahnung, wohin sie mit ihren Händen sollten.

„Wir, die acht Schulkinder von Abyaneh, wollen viel lernen", begann Navid, und alle nickten eifrig. „Wir wollen alle auf eine gute weiterführende Schule. Dazu brauchen wir einen guten Unterricht. Nur dann klappt der Übergang, nur dann können wir auch in den höheren Schulen gute Noten schreiben. Nur dann wird es heißen: Die Schule in Abyaneh muss vorzüglich sein. Es kommen nur sehr gute Schülerinnen und Schüler aus Abyaneh." Der Bürgermeister nickte. Was er hörte, gefiel ihm.

„Wissen Sie, wer den allerbesten Unterricht macht – und zwar mit Abstand?" Ohne eine Antwort abzuwarten, fuhr Navid fort. „Es ist …", Navid schaute sich zu seinen Mitschülern um und nickte, alle sagten: „Herr Khoursani".

Der Bürgermeister räusperte sich. „Aber Herr Kh…"

„Entschuldigen Sie, Herr Bürgermeister, dass ich Sie unterbreche“, sagte Navid. „Herr Khoursani versteht es, uns im Unterricht zu fesseln. Wir erfahren so viel, und einige von uns haben sich schon verbessert.“

„Ich zum Beispiel“, meinte Bita, die vor Aufregung krebsrot war.

„So, so, die kleine Bita“, sagte der Bürgermeister und schaute auf die Papiere auf seinem Schreibtisch.

„Herr Bürgermeister, wir versprechen Ihnen, dass wir alle gute Noten haben werden, wenn Herr Khoursani in Abyaneh bleiben darf“, ergänzte Navid. „Dann ist Abyaneh die Schule mit den guten Abschlüssen.“

„Mit den sehr guten Abschlüssen“, mischte sich Simin ein.

Alle nickten eifrig.

Der Bürgermeister grunzte wieder. Erst neulich hatte er mit seinem Kollegen in Nushabad telefoniert. Der war ein unangenehmer Angeber. Er hatte sich damit gebrüstet, dass die Schüler seiner kleinen Dorfschule nur beste Abschlüsse machten. Das hatte den Abyaneh-Bürgermeister mächtig gewurmt. Wenn er das auch von den Abyaneh-Schülern sagen könnte, wäre dies eine feine Sache. Dann würde der Bürgermeister von Nushabad staunen.

Der Bürgermeister schaute allen Schülern in die Augen. Bita senkte sofort den Blick, Simin, Navid, Jasmin, Nashran und Sahar lächelten. Mahan grinste, Mehdi schaute dagegen verlegen zur Decke, weil er noch keine Ahnung hatte, wie er seine schlechte Mathenote loswerden sollte.

Der Bürgermeister nickte, hob seinen rechten Zeigefinger,

spitzte seine Lippen und meinte dann: „Wehe, ihr enttäuscht mich."
„Ganz bestimmt nicht", beeilte sich Navid zu sagen.
„Ist doch Ehrensache", fügte Simin hinzu.
Problem Nummer 3 war gelöst.

Doch Mehdi blieb skeptisch. „Ich kapiere Mathe einfach nicht, wie soll ich da besser werden?", fragte er auf dem Weg zurück zur Schule.
„Wir müssen uns gegenseitig helfen", meinte Nashran erneut. „Nur so kann es funktionieren."
„Und Herr Khoursani ist noch da", ergänzte Simin augenzwinkernd.

Am nächsten Morgen bog der Saipa fünf Minuten zu früh in Yarand ein. Nashran und Simin schnalzten anerkennend mit der Zunge. Als sie die Schulranzen in den Kofferraum legen wollten, meinte Herr Khoursani: „Das geht heute nicht."
Also nahmen sie ihre Schultaschen auf den Schoß.
Barz erreichten sie sechs Minuten vor der Zeit, Tareh sieben Minuten. Doch danach fuhr Herr Khoursani etwas langsamer. Er hatte keine Lust, in eine Radarfalle zu geraten, doch die Polizisten kontrollierten heute an einer anderen Stelle.
Der Bürgermeister stand zwar nicht vor dem Schultor, aber wie zufällig kam er mit seiner Aktentasche vorbei. Es sah aus, als hätte er einen wichtigen Termin. Er grüßte freund-

lich und sichtlich zufrieden. Herr Khoursani grüßte zurück, die Kinder winkten. Bita und Jasmin kamen angerannt.

Am Ende des Schultags sagte Herr Khoursani. „Heute können wir nicht pünktlich zurückfahren.“
„Aber die Zünddinger funktionieren doch tadellos“, erwiderte Simin.
„Stimmt, aber ich brauche heute eure Hilfe. Schaut mal in den Kofferraum.“
Mahan war als Erster beim Saipa. Er öffnete den Kofferraum, und alle schauten gespannt hinein. „Oh, sieht das gut aus!“, riefen Simin und Mehdi begeistert. Der Kofferraum war voll mit leckeren Hühnerbeinen, Tomaten, allerlei Grünzeug, Quark, Aprikosen, Gurken, Süßigkeiten, Nüssen, Pistazien, getrockneten Maulbeeren, Datteln und einer riesigen Melone.
„Ihr müsst mir beim Essen helfen. Und beim Tragen“, sagte Herr Khoursani. „Wir machen ein Picknick an der Burgruine. Denn ich möchte mich bei euch bedanken. Ihr seid klasse! – Und dann können wir auch besprechen, wann wir das Blumenbeet im Schulhof umgraben.“

Info: Die Islamische Republik Iran ist fünfmal so groß wie Deutschland und hat etwa 80 Millionen Einwohner. Die Hauptstadt heißt Teheran. Der Iran hat Wüsten und viele Gebirgszüge. Der höchste Berg ist der Damavand (5671 Meter). Es gibt einige Skigebiete. Auch Abyaneh, das Dorf in der Geschichte, liegt in den Bergen. Hinter Abyaneh ragen die 4000 Meter hohen Gipfel der Karkas-Berge auf.

Im Iran regierte viele Jahre lang ein Schah, das ist das persische Wort für Herrscher. Der letzte Schah, Mohammad Reza Pahlavi, wollte den Iran schnell in ein modernes Land verwandeln. Notfalls mit Gewalt. Wer ihn kritisierte, wurde oft hart bestraft. Die Iraner wurden deshalb immer unzufriedener. Vor allem die religiösen Landsleute organisierten große Proteste. Damit waren sie so erfolgreich, dass der Schah 1979 aus dem Land floh. Danach kamen die religiösen Gelehrten, die sogenannten Mullahs, an die Macht. Das freute viele Iraner am Anfang, aber nach einer Weile merkten sie, dass die Mullahs genauso brutal waren wie der Schah.

Die meisten Iranerinnen tragen heute außerhalb ihrer Wohnung Schwarz: schwarze Tücher, schwarze Mäntel, schwarze Kopfbedeckung. Sobald die Mädchen in die Grundschule kommen, gibt es eine Schuluniform mitsamt Kopftuch. Das Kopftuch ist für Frauen Pflicht. Vielleicht liegt es daran, dass im Iran Nasenoperationen so beliebt sind. Wenn man nur das Gesicht zeigt, soll es natürlich besonders schön sein. Der Iran hat die höchste Zahl an Nasenkorrekturen pro Einwohner auf der ganzen Welt. Eine Operation ist dermaßen angesehen, dass viele Patienten ihren Verband auch dann noch tragen, wenn die Wunde längst verheilt ist. Denn der Verband zeigt, dass man sich eine Nasenoperation leisten konnte.

Der Iran hat große Vorkommen an Erdöl und Erdgas, außerdem werden in keinem anderen Land mehr Pistazien geerntet. Leider ist der Iran auch das Land, in dem die meisten Todesurteile vollstreckt werden.

VIA FINO ALLA SCUOLA

Vielleicht ist Rom gar nicht so schlecht

„Hast du schon mit der Hausaufgabe begonnen?“ Mit Schwung setzte sich Chiara aufs Bett ihrer Freundin Aurora.

„Nö, die geht doch schnell, und wir haben noch drei Tage Zeit“, antwortete Aurora. Sie lächelte ihrer Freundin kurz zu und widmete sich dann wieder ihrem Computerspiel.

„Schnell?“ Chiara zog die Jalousie hoch, die das Zimmer verdunkelt hatte.

„Hey, ich sehe nichts mehr!“, protestierte Aurora genervt. Die Sonnenstrahlen fielen direkt aufs Display.

„Komm schon, es ist herrlich draußen“, entgegnete Chiara und versuchte, Aurora vom Laptop wegzuziehen.

„Es ist jeden Tag herrlich. Wir wohnen in Rom, da scheint fast jeden Tag die Sonne. Ist dir das noch nicht aufgefallen?“, meinte Aurora mürrisch.

„Wann möchtest du denn die Hausaufgabe machen?“

„Jetzt fängst du schon wieder damit an. Was ist bloß los mit dir? Vielleicht mache ich sie morgen, vielleicht übermorgen.“ Aurora schüttelte ihre langen schwarzen Haare, dann fasste sie sie zu einem Pferdeschwanz zusammen, nahm ein Haargummi und machte aus dem Pferdeschwanz einen Dutt. „Das geht wirklich fix. Unser Schulweg ist doch

nichts Besonderes. Wir gehen unsere Straße runter bis zur Via Lorenzo il Magnifico, dann steigen wir in den Bus ein, fahren drei Stationen bis zur Piazza Bologna, dort steigen wir aus, gehen noch ein paar Schritte zur Via Ravenna, dann runter in die Via Ernesto Monaci – und schon sind wir da. Das hab ich doch schnell aufgeschrieben."
Chiara gähnte demonstrativ. „Laaangweilig."
„Sag ich doch, nichts Besonderes. Tausende Kinder, die in einer Stadt wohnen, werden einen ähnlichen Schulweg haben wie wir. Wenn wir in der Altstadt wohnen würden, dann wäre unser Schulweg vielleicht besonders, wenn wir am weltberühmten Kolosseum oder an der Spanischen Treppe oder am Petersplatz vorbeikommen würden. Dort eben, wo all die Touristen hingehen, wenn sie in Rom sind. Dann wäre das vielleicht etwas anderes. Aber so ist unser Schulweg einfach ein stinknormaler Schulweg. Ich brauche höchstens eine Seite, um ihn zu beschreiben. – Und nun lass die Jalousie wieder runter. Ich will weiterspielen."
Doch Chiara hatte etwas anderes mit ihrer Freundin und Nachbarin vor. „So wie du unseren Schulweg beschreibst, wird Signora Bertoli nicht zufrieden sein. Sie hat gesagt, wir sollen genau hinschauen, dann entdecken wir Besonderes, auch ohne Spanische Treppe oder Petersplatz."
„Bist du jetzt die Assistentin von Signora Bertoli, oder warum quatscht du mich die ganze Zeit mit der Schulweg-Aufgabe voll?" Aurora hatte keine gute Laune. Sie hatte vorhin erfahren, dass dieses Jahr der Urlaub flachfiel, weil ihr Vater lieber ein neues Auto kaufen wollte. Für beides

reichte das Geld nicht. Aurora, die die Ferien am Meer über alles liebte, war nicht gefragt worden, was sie lieber gehabt hätte. Das konnte einem auch die Laune verhageln.
„Ich mag Signora Bertoli, genauso wie du auch“, meinte Chiara und nickte ihrer Freundin auffordernd zu. „Und wir können beide eine gute Note brauchen. Also los!“
„Wie los? Was los?“
Chiara zog ihre Freundin vom Stuhl hoch. „Wir gehen jetzt zur Schule. Avanti!“ Sie klatschte in die Hände.
„Spinnst du?“ Aurora schaute sie kopfschüttelnd an und ließ sich wieder auf den Schreibtischstuhl plumpsen. „Es ist fünf Uhr nachmittags, was sollen wir da in der Schule?“
„Aurora, du stehst auf dem Schlauch“, erwiderte Chiara nur. „Wir gehen nicht *in die* Schule, wir gehen den Weg *zur* Schule. Capito?“ Chiara kam in Fahrt. „Mit ‚gehen‘ meine ich auch ‚gehen‘, richtig ‚gehen‘ – ohne Bus.“
„Bist du jetzt total übergeschnappt? Warum sollten wir gehen, das machen wir doch nie“, meinte Aurora kopfschüttelnd.
„Aber wenn wir zu Fuß gehen, dann sehen wir viel mehr als im überfüllten Bus.“ Chiara ließ nicht locker.
„Nicht mit mir!“ Aurora blieb stur. „Du kannst das gerne machen. Viel Spaß. Aber ohne mich!“
„Ach komm, zu zweit macht das doch viel mehr Spaß!“
„Vergiss es!“ Aurora blieb hartnäckig und starrte aufs Display.
Beleidigt verließ Chiara das Zimmer.

Beleidigt war sie am nächsten Morgen immer noch. Darum klingelte sie auch nicht wie sonst dreimal hintereinander bei Aurora.

Eigentlich war das ihr Zeichen, eigentlich rannte Aurora gleich darauf die Treppen hinunter und begrüßte ihre Freundin mit einem Kuss auf die rechte und einem auf die linke Wange. Aber heute trottete Chiara mit hängendem Kopf am Nachbarhaus vorbei. Wenn Aurora nicht mit ihr den Schulweg abging, um zu zweit tolle Entdeckungen zu machen, dann sollte sie doch alleine zur Schule gehen. „Ich bin doch nicht ihre Abholerin, pff", murmelte Chiara, während sie ihre schmale Straße, die Via Contessa di Bertinoro, entlangging. Normalerweise blieb sie beinahe an jeder Blume stehen, egal, ob es die gelben, orangefarbenen und roten Rosenstöcke im Vorgarten von Hausnummer 12 waren oder die Blumenkübel mit bunten Zinnien, Margeriten, mit Basilikum, Oregano und einem Pfirsichbäumchen, die in Nummer 14 und 16 im Hof standen.

Chiara liebte Blumen, doch heute würdigte sie sie keines Blickes. Genauso wenig wie die zwei Kanarienvögel, die im ersten Stock in Haus Nummer 16 munter trällerten und aufgeregt auf ihren Käfigstangen hin und her tapsten. Ausgerechnet an dem Tag, an dem sie die Augen aufhalten wollte, sah Chiara nichts. Stattdessen ärgerte sie sich: über Aurora, aber am meisten über sich selbst und darüber, dass sie sich ärgerte. Was kein Wunder war, denn wieder einmal war es nach Auroras Kopf gegangen. So wie immer. Nie erfüllte Aurora ihr einen Wunsch, immer ging es nur um

Aurora. Auf so eine Freundin, die immer nur an sich dachte, konnte Chiara verzichten. Basta!
Als sie in die Via Lorenzo il Magnifico einbog, die Straße, die etwas breiter war als die, in der sie wohnte, war ihr bereits warm. Sie zog ihre Strickjacke aus und trottete im T-Shirt zur Bushaltestelle, vorbei an parkenden Autos, an violett blühenden Hibiskusbüschen und einigen Bäumen. Vor dem gelben Schild, auf dem die Abfahrtszeiten des Busses standen, blieb sie stehen. Zwei Männer in dunkelblauen Anzügen, eine jüngere Frau mit Jeans und großer Tasche und eine schwarz gekleidete, sehr alte Frau warteten bereits auf den Bus. Chiara stellte sich zu ihnen und murmelte „guten Morgen". Die Männer waren so in ihr Gespräch vertieft, die Frau mit der großen Tasche war mit ihrem Smartphone beschäftigt, und die alte Frau hörte vermutlich nicht mehr gut – jedenfalls erwiderte niemand ihren Gruß. Was bei Chiara nicht gerade für bessere Laune sorgte.
Noch nie hatte sich Chiara an der Bushaltestelle gelangweilt, denn sonst tauschte sie sich immer mit Aurora aus. Dann verflog die Zeit im Nu. Dann war es egal, wenn sie mal wieder zehn oder gar fünfzehn Minuten warten mussten, ehe der Bus kam. Bei dem römischen Verkehrschaos passierte das gar nicht so selten. Nun sah sie sich den aprikotfarbenen Häuserblock auf der anderen Straßenseite an, zählte die vier Stockwerke und die grünen Fensterläden, die ihr noch nie aufgefallen waren.
Zwischendurch schaute sie immer nach rechts, dorthin, wo die Via Contessa di Bertinoro in die Via Lorenzo il Ma-

gnifico mündete. Dorthin, wo Aurora endlich um die Ecke biegen müsste. Typisch Aurora, sie würde jeden Tag zu spät kommen, wenn Chiara nicht immer bei ihr klingeln würde.

Der Bus kam, aber von Aurora war nichts zu sehen. Dabei hatten sie in der ersten Stunde Mathe bei Signor Villino. Der duldete kein Zuspätkommen. Drei Minuten Verspätung genügten, um eine Strafarbeit aufgebrummt zu kriegen, die es in sich hatte. Chiara überfiel das schlechte Gewissen. Hätte sie nicht wenigstens bei Aurora klingeln können? Sie hätte ja nicht auf sie zu warten brauchen.

Chiara stieg als Letzte in den grauen Bus ein, da sah sie Aurora rennend um die Ecke biegen. Die Bustüren schlossen sich hinter Chiara. Sie dachte an Signor Villino, der Aurora nicht besonders mochte, weil sie keine Leuchte in Mathe war. Aurora würde auf alle Fälle eine heftige Strafarbeit bekommen.

„Bitte warten Sie noch einen Moment“, bat Chiara den Busfahrer. „Aurora kommt gleich. Bitte!“

Der Busfahrer fuhr die beiden Mädchen an vielen Tagen zur Piazza Bologna. „Der Fahrplan. Ich kann nicht ewig warten“, sagte er nur.

„Sie sind doch sowieso schon zu spät“, erwiderte Chiara im Flüsterton. „Da kommt es doch auf eine Minute mehr nicht an. Bitte!“

„Wann geht es denn endlich los?“, murrte ein älterer Mann, wahrscheinlich ein Rentner, und tippelte aufgeregt mit den Füßen auf dem Boden herum. Gleichzeitig trommelte

er ungeduldig mit den Fingerknöcheln gegen die Fensterscheibe.
Chiara winkte Aurora, die gab Gas. Kurz darauf stand sie völlig außer Atem an der Bustür.
„Sonderbehandlung“, grummelte der Rentner.
„Tausend Dank“, presste Aurora zwischen zwei Atemzügen hervor und schenkte dem Fahrer ein Lächeln. Chiara ignorierte sie erst einmal. Als sich ihr Atem wieder beruhigt hatte, fragte sie: „Warum hast du nicht bei mir geklingelt?“
Chiara zuckte mit den Schultern. Was hätte sie auch sagen sollen? Weil ich beleidigt war? Weil wir nie machen, was ich will? Das wäre ihr peinlich gewesen. Es war ihr schon peinlich genug, dass sie sich so zickig angestellt hatte.
„Morgen klingle ich wieder, versprochen“, meinte Chiara.
Aurora war nicht nachtragend. Vielleicht hatte sie auch über ihr gestriges Verhalten nachgedacht. Jedenfalls schlug sie kurz vor der Haltestelle „Piazza Bologna“ vor: „Sollen wir nach der Schule zu Fuß zurückgehen?“
„Aber das ist doch gar nicht unser Schulweg. Wir nehmen doch immer den Bus“, konterte Chiara augenzwinkernd.
„Wer weiß das denn schon?“, bemerkte Aurora genauso augenzwinkernd.
Vielleicht war Aurora doch eine ganz passable Freundin, überlegte Chiara während der Mathestunde. Sie konnte das Unterrichtsende kaum erwarten. Sie holte ihr kleines grünes Notizbuch aus ihrer Schultasche und notierte: Schule – graues Gebäude, ein paar kleine Bäume davor und viele Parkplätze, die immer besetzt sind.

Später würde sie die Stichpunkte ausformulieren. Sie notierte weiter: Via Ernesto Monaci – schmale Straße mit beigefarbenen Mehrfamilienhäusern mit gemauerten Balkonen, auf manchen werden Tomaten in Töpfen gezogen. Überall parken Vespas und ein paar Autos.
Via Ravenna – breitere Straße als Ernesto Monaci, rechts und links an der Straße parken Autos, dahinter wachsen Bäume, vierstöckige Häuser, unten sind kleine Läden drin, grüner Flaschencontainer, graue Papierkörbe, Lastwagen parken zum Entladen auf der Fahrbahn.
„Willst du das jetzt von jeder Straße so aufschreiben?", fragte Aurora gelangweilt.
„Ja. Wie sonst? So hat es uns Frau Bertoli doch aufgegeben. Genau hinschauen und notieren."
„Aber das wiederholt sich doch pausenlos. Immer haben die Häuser vier Stockwerke. Mal sind sie grau, dann beige. Immer parken Autos. Da können wir ja gleich mit dem Bus zurückfahren."
„Wie würdest du es denn machen? Du hast noch nichts aufgeschrieben", meinte Chiara, die schon wieder ein kleines bisschen beleidigt war.
„Na, die Leute in den Text einbauen. Sie befragen. Oder einfach etwas überlegen, wie sie leben könnten. Ob sie in einem der Mehrfamilienhäuser leben, was sie arbeiten und wie sie ihren Tag verbringen und so", beschrieb Aurora.
„So hat es Frau Bertoli aber nicht gesagt. Das ist auch ganz schön aufwändig", entgegnete Chiara.
„Aber interessanter", konterte Aurora. „Schau doch mal

die Frau dort, die mit dem bunten Sommerkleid und den großen, vollen Einkaufstaschen. Was glaubst du, für wen sie eingekauft hat?"
„Na, für ihre Familie", überlegte Chiara.
„Vielleicht", bestätigte Aurora, „vielleicht hat sie aber auch ein großes Abendessen mit wichtigen Leuten, vielleicht kommt die Bürgermeisterin zum Essen …"
„Warum sollte denn die Bürgermeisterin kommen?", entgegnete Chiara, die sich lieber an Fakten hielt.
Aurora ging nicht auf Chiaras Frage ein, stattdessen fabulierte sie weiter: „Vielleicht kommt heute auch ihre Familie zu Besuch, die sie schon viele Jahre nicht mehr gesehen hat. Oder …"
„Wir können ja beides machen. Du so und ich so." Chiara war für praktische Lösungen. Auroras Idee gefiel ihr schon, wenn sie das auch nicht zugab.

„Entschuldigen Sie." Aurora war bei der Frau mit den Einkaufstaschen. „Darf ich Sie fragen, für wen Sie eingekauft haben?"
„Was geht dich das an, Mädchen?", schnauzte die Frau sie an.
„Das ist eine Schulaufgabe, Signora", entgegnete Aurora mit zuckersüßem Lächeln. „Wir sollen Menschen, die wir auf unserem Schulweg treffen, befragen. Interessante Menschen."
Durch die beiden letzten Worte fühlte sich die Frau ein bisschen geschmeichelt. Darum antwortete sie bereitwillig:

„Ich habe für meine Familie eingekauft. Für meinen Mann, unsere Tochter Maria und unseren Sohn Claudio. Für das Abendessen. Es ist ein besonderes Essen: Heute vor drei Jahren hatte mein Mann eine schwere Operation. Er hätte sterben können. Doch er hat überlebt. Und nicht nur das, es geht ihm so gut, dass er wieder als Hausmeister an der Universität arbeiten kann. Heute ist sozusagen der Geburtstag meines Mannes, wenn auch nicht sein richtiger. Wir sind alle so glücklich. Und heute Abend gibt es ein Festessen! – Ach, da fällt mir ein, dass ich die Blumen vergessen habe. Auf Wiedersehen, Kinder.“
„Auf Wiedersehen und vielen Dank, dass Sie uns das erzählt haben“, sagte Aurora freundlich. Auch Chiara bedankte sich mit einem Kopfnicken.

„Voll spannend“, meinte Aurora, als sie in die Piazza Bologna einbogen.
„Ja“, bekräftigte Chiara. „Ich glaube, wir müssen die Aufgabe mischen. Unser Schulweg, wie er aussieht, und die Geschichten der Menschen dazu. Dann sind wir unschlagbar.“
Aurora hielt beide Daumen nach oben.

Piazza Bologna. Chiara notierte: eine Straße, die kreisförmig um einen Platz verläuft, rundum ist Verkehr, strahlenförmig führen Straßen auf den Platz zu, breite Gehwege zum Bummeln, Geschäfte, eine Metrostation, auf dem Platz stehen ein paar Bäume, Bänke, Gebüsch, ein Klohäuschen

und ein kleiner eingezäunter Basketballplatz, der wegen des Zauns aussieht wie ein Käfig.
„Komm, lass uns zu dem Platz gehen und Leute befragen" schlug Aurora vor. Sie fassten sich an den Händen und rannten über die stark befahrene Straße.
Die Mädchen schauten sich um. Auf einer Bank saßen vier alte Männer, auf der nächsten zwei junge Frauen, Studentinnen vielleicht, die in ihre Bücher vertieft waren, auf der dritten Bank saß eine ältere Frau ganz allein.
Chiara und Aurora schauten sich an und nickten. Ohne ein weiteres Wort gingen sie zu der Frau.
„Guten Tag, Signora, dürfen wir uns zu Ihnen setzen?", fragte Aurora höflich. Insgeheim bewunderte Chiara den Mut ihrer Freundin. Sie sprach einfach alle Leute an, Chiara hätte sich das nicht getraut.
„Bitte schön", sagte die Frau und machte eine einladende Handbewegung. „Ich freue mich über ein bisschen Unterhaltung. Meistens sitze ich nämlich alleine hier."
„Haben Sie denn keine Freunde?", fragte Aurora vorlaut.
Chiara gab ihr einen Stoß und verdrehte die Augen. Aurora wusste manchmal wirklich nicht, was sich gehörte. Umso erstaunter war Chiara, als die Frau sagte: „Hier in Rom habe ich keine Freunde. Ich wohne noch nicht lange hier. Wie heißt ihr denn?"
Die Mädchen stellten sich vor.
„Und ich heiße Federica", sagte die Frau.
Auroras Neugierde war geweckt. „Woher kommen Sie, Federica? Und warum sind Sie nach Rom gezogen?"

Eigentlich wollte Chiara ihre Freundin erneut stupsen, doch auch sie war neugierig auf Federicas Antwort. Und die erzählte bereitwillig: „Ich komme aus Amatrice, dort habe ich mein ganzes Leben lang gelebt. Dort war ich glücklich. Dort hatte ich Freunde. Dort auf dem Friedhof liegt mein Mann begraben."

„Amatrice? Amatrice? – Der Namen kommt mir bekannt vor", überlegte Aurora. Auch Chiara wusste: Da war etwas gewesen.

Die Frau atmete tief durch, bevor sie sagte: „Amatrice war eines der schönsten Dörfer Italiens, mit hübschen Plätzen, hell gestrichenen Häusern, Blumenkästen voll bunter Blumen vor den Fenstern unserer alten, aber wunderschönen Häuser. Tausende Gäste verbrachten jedes Jahr ihren Urlaub bei uns und in den Dörfern um Amatrice. Jedes Jahr kamen sie nach Amatrice, bis zu dem Tag, an dem unser Dorf von einem Erdbeben komplett zerstört wurde."

Chiara und Aurora nickten. Na klar, das Erdbeben! Sie konnten sich an die Fernsehbilder von den Trümmern und dem Schutt erinnern und an die vielen Feuerwehrleute und Spürhunde, die nach Überlebenden gesucht hatten. Manche Leute hatten nur mit ihren Händen in den Trümmern nach Familienangehörigen gegraben.

„Ich habe geschlafen, so wie fast alle in Amatrice", begann die Frau zu erzählen. „Um 3.35 Uhr fiel erst mein Buchregal um, dann mein Kleiderschrank. Obwohl ich einen großen, schweren Kleiderschrank hatte, fiel er wie ein wackliges, kleines Schränkchen auf den Boden. Dadurch bin ich aufgewacht. Ich sah, dass die Wände sich bewegten. Sofort wusste ich, dass es ein Erdbeben war. Bei uns gab es immer wieder Erdbeben, ich kannte mich damit aus. Neben meinem Bett hing ein Bademantel, den schnappte ich mir, schlüpfte in meine Hausschuhe und verließ dann in großer Eile das Haus. Raus, nur raus. Das Haus schwankte. Ich rannte auf die Piazza. Dort waren bereits meine Nachbarn Enrico und seine Frau Maria. Mario, der Gemüsehändler, stand barfuß und in Unterwäsche da. Plötzlich öffnete sich ein Spalt im Boden. Ich wusste nicht, was ich tun sollte. Auf welcher Seite des Spaltes sollte ich stehen? In welche Richtung würde der Spalt wachsen? Würde er uns alle in die Tiefe reißen? Es dauerte nur ein paar Sekunden, doch für mich war es eine Ewigkeit. Ich musste unentwegt auf den Spalt starren. Ich konnte mich nicht bewegen, ich war wie gelähmt. Was würde mit dem Spalt passieren? Was würde mit uns passieren?

Zum Glück wurde der Spalt nicht größer. Irgendwann konnte ich mich wieder bewegen und sah, dass das Chaos immer schlimmer wurde. Häuser fielen einfach in sich zusammen. Wo zuvor meine schöne Straße im Zentrum von Amatrice lag, war jetzt eine undurchdringliche Trümmerwüste. Ich sah mein Haus einstürzen, in dem schon meine Eltern und meine Großeltern gelebt hatten. Weg, einfach futsch. Menschen liefen schreiend umher. Verletzte schrien vor Schmerzen. Zwei Minuten lang bebte die Erde. Zwei Minuten, das klingt kurz. Zwei Minuten können eine Ewigkeit sein.“

Die Frau machte eine Pause und kramte nach einem Taschentuch. Chiara und Aurora konnten den Blick nicht von ihr wenden.
Chiara schüttelte den Kopf. „Wie schrecklich!"
Mit leiser Stimme und Tränen in den Augen fuhr Federica fort: „Die Schreie ließen auch nach dem Beben nicht nach. Ich stand da und weinte und zitterte. Jemand nahm mich in die Arme, bis ich mich beruhigte. So viele Verletzte, so viele Tote. Irgendwann hörten die verzweifelten Schreie auf, dann herrschten stille Verzweiflung und Trauer. Viele weinten oder starrten mit leerem Blick vor sich hin. Andere begannen in den Trümmern zu graben und nach Angehörigen zu suchen. Zwei Männer zogen die vierjährige Sofia aus den Trümmern ihres Kinderzimmers. Sie lag unter einem Meter Geröll, aber außer ein paar Kratzern war sie unverletzt geblieben. Welch ein Wunder! Kleine Sofia! Ihre Eltern überlebten schwer verletzt." Wieder machte Federica eine Pause und schnäuzte sich.
„Nicht alle Gebäude waren eingestürzt. Bei manchen standen noch die Mauern, doch die waren voller Risse. Wir hatten Angst, dass auch sie einstürzen würden. Sogar unsere Kirche wurde schwer beschädigt, auch unser kleines Krankenhaus, das Altenheim, der Polizeiposten und die Schule. Ausgerechnet die Schule! Die hätte heil bleiben müssen. Denn sie war gerade für viel Geld erdbebensicher gemacht worden. Zumindest dachten wir das. Wahrscheinlich wurde das Geld dafür eingestrichen, ohne die Schule wirklich zu renovieren."

Mit leiser Stimme und Tränen in den Augen berichtete Federica weiter: „Als es hell wurde, kamen die ersten Helfer. Feuerwehrleute. Helfer vom Roten Kreuz. Polizisten mit Spürhunden. Sie suchten nach Verschütteten. Rettungshubschrauber flogen die Verletzten ins Krankenhaus nach Rieti oder in andere Städte. Bagger kamen und fraßen sich langsam durch einen Schuttberg, der einst ein Wohnhaus war. – Jemand sagte mir, am Dorfrand gebe es Matratzen, dort könne ich mich hinlegen und schlafen. Schlafen? Wie hätte ich nur eine Minute schlafen können? Ich wollte helfen. Außerdem wackelte es ständig. Nachbeben. Wie soll man da schlafen? Es war ein Albtraum. Ich hatte solche Angst. Und alles verloren: so viele Freunde und Bekannte. Ich kannte fast jeden in Amatrice. Fast alle meine Nachbarn waren umgekommen. Mein Friseur war tot, mein Zeitungsverkäufer, meine Marktfrau. Es war, als wäre mein bisheriges Leben ausgelöscht worden. Auch mein Haus war vollkommen zerstört. Ich hatte mein gesamtes Hab und Gut verloren, hatte nichts mehr außer dem Nachthemd, meinem Bademantel und den Hausschuhen. Darum wollte ich zurück zu den Trümmern meines Hauses, um nach Sachen zu graben, nach Erinnerungen. Aber sie ließen mich nicht. Es sei zu gefährlich. Mit Tränen in den Augen stand ich da. Staub klebte mir im Gesicht und am Bademantel, meine Schuhe waren beinahe durchgescheuert von all dem Schutt und den Trümmern. Ich musste noch mehr weinen, als unser Bürgermeister sagte: ‚Amatrice ist nicht mehr. Unser geliebtes Dorf ist nur noch ein Trümmerhaufen.' So schrecklich es klang, aber er hatte Recht." Federica konnte nicht weitersprechen. Ein Weinkrampf schüttelte sie.

Die Mädchen wussten erst nicht recht, was sie tun sollten. Zaghaft, dann beherzter begannen sie Federica zu streicheln. An den Armen. Am Rücken. Wie einem kleinen Kind wischte Chiara ihr die Tränen weg.

„Und dann?", fragte Aurora gespannt.

„Dann wohnte ich zwei Nächte in einem blauen Zelt, zusammen mit den Gandolfos, einer netten Familie, die gleich neben der Post gewohnt hatte, und mit Matteo und Marco, zwei jungen Männern, die jeden Tag ihre Eltern suchten. Nette Menschen haben Kleidung gebracht und Schuhe. So musste ich nicht mehr im Bademantel rumlaufen. Wieder und wieder kamen Nachbeben. Jeden Tag, mehrere Male. Bei jedem Stoß haben wir uns erschreckt, manche zitterten vor Angst, manche zuckten nur zusammen. Wir bekamen Essen und Trinken. Wir lebten, aber unsere Nachbarn waren tot. Und unsere Häuser waren Schutt. Was sollte das für ein Leben sein? – Am dritten Tag fand mich mein Sohn. Als er vom Erdbeben erfahren hatte, versuchte er mich anzurufen. Aber die Telefone waren tot. Er stieg ins Auto und fuhr in sein Heimatdorf, das es nicht mehr gab. Sie ließen ihn nicht nah herankommen, denn die Straße musste für Räumfahrzeuge und Krankenwagen frei bleiben. Also stellte er sein Auto irgendwo ab und marschierte fast einen ganzen Tag, bis er in Amatrice oder dem, was davon übrig geblieben war, ankam. Er hatte zwar die Bilder im Fernsehen gesehen, aber als er jetzt vor den Ruinen stand, konnte er es nicht glauben. Ihm liefen Tränen übers Gesicht."

Wieder machte Federica eine Pause. Sie schnäuzte sich mehrmals.

„Und dann hat er Sie mit nach Rom genommen?", fragte Aurora wie immer ungeduldig.

Federica nickte. „Aber erst musste er mich finden. Er wusste ja nicht, ob ich noch lebe. Er fragte alle möglichen Leute, ob sie mich gesehen hätten. Aber viele waren selbst damit beschäftigt, ihre Angehörigen zu finden. Andere saßen nur apathisch auf dem Schutt, dort, wo einst ihr Haus stand. Wieder andere liefen hektisch durch die Gegend, ohne zu wissen, wohin. Zum Glück traf mein Junge irgendwann auf Matteo, der mit mir im Zelt schlief. Matteo kam gerade von einer vergeblichen Suche nach seinen Eltern zurück. Er nahm meinen Jungen mit zum Zelt. Unterwegs überraschte sie eins dieser schrecklichen Nachbeben. Mein Sohn stürzte und hatte Angst, aber Matteo half ihm wieder auf die Beine und brachte ihn zu mir. Wir fielen uns schluchzend in die Arme. Am Abend fuhr ein Feuerwehrauto von Amatrice nach Rieti. Dario, also mein Sohn, und ich durften bis dorthin mitfahren, wo Darios Auto stand. Anderthalb Stunden später waren wir in Rom. Seitdem bin ich hier. Ich habe ein Zimmer bei Dario und seiner Frau. Sie sind sehr nett und hilfsbereit, aber sie arbeiten den ganzen Tag, und ich weiß nicht, was ich tun soll."

„Was haben Sie denn in Amatrice gemacht, ich meine, vor dem Beben?" Die praktische Chiara wollte helfen.

„Na, meinen Haushalt. Ich habe geputzt und gewaschen, bin zum Markt geschlendert und habe auf dem Weg dorthin so viele Bekannte getroffen, dass der Vormittag fast vorbei war. Manchmal haben wir in der Bar bei Giuseppe noch schnell einen Espresso getrunken. Nach dem Mittagessen habe ich mich hingelegt, und dann bin ich wieder durch die Gassen spaziert oder habe mich auf einen unserer schönen Plätze gesetzt und mit den Nachbarn geplaudert. – Nun sitze ich jeden Tag hier auf dem Platz, aber ihr seid die Ersten, die mit mir reden. Die meisten anderen stehen nach ein paar Minuten wieder auf und haben es eilig. Hier in Rom sind alle so beschäftigt."

„Was ist mit Putzen?", fragte Chiara, die immer noch nach einer Beschäftigung für Federica suchte.

„Dario und seine Frau haben eine Putzfrau, die sich auch um die Wäsche kümmert. Und das solle auch so bleiben, haben sie gesagt. Die beiden wollen abends nicht mehr viel essen, weil das dick mache, sagen sie. Darum kann ich sie auch nicht bekochen. Also habe ich den lieben langen Tag nichts zu tun. Das ist furchtbar."

„Aber Sie sind in Rom, Federica", sagte Aurora und breitete die Arme aus. „In Roooom! Tausende von Besuchern kommen jedes Jahr hierher, um den Vatikan oder das Pantheon, das Forum Romanum oder den Petersdom zu sehen. Es gibt so viele Museen, dass einem schwindlig wird."

„Ach, Kindchen, das ein oder andere würde ich mir schon anschauen, aber alleine macht das alles keinen Spaß. Außerdem ist mir die Stadt zu groß. Ich komme mit Bussen und Metro und all dem Zeug nicht zurecht. Das war in Amatrice viel einfacher. Da bin ich nur aus dem Haus gestolpert und um die Ecke, schon war ich auf meinem schönen Platz. Kein berühmter Petersplatz wie hier, aber ein Platz, an dem ich mich wohl fühlte und sich immer jemand zum Plaudern fand."

Chiara sah auf die Uhr. Es war bereits spät geworden. „Federica, wir müssen los, wir müssen noch Hausaufgaben machen, und ich habe später noch Klavierstunde", sagte Chiara.
„Sind Sie morgen auch wieder hier auf der Bank?", wollte Aurora zum Abschied wissen.
Federica nickte: „So wie jeden Tag."
„Dann bis morgen", sagten die Mädchen wie aus einem Mund.
„Bis morgen, Mädchen."

Die Freundinnen mussten kein Wort verlieren. Sie waren sich auch so einig, dass es zu spät war, um zu Fuß nach Hause zu gehen. Also verschoben sie ihr Projekt „den ganzen Schulweg ablaufen" auf morgen.
„Ihr seid spät dran", sagte der freundliche Busfahrer, der am Morgen auf Aurora gewartet hatte. „Hat die Schule so lange gedauert?"
„Nicht direkt", meinte Chiara, „aber wir sind einer Frau aus Amatrice begegnet."
Der Busfahrer überlegte kurz. „Amatrice – das Erdbeben!

Grauenvolle Sache!“ Dann musste er sich auf den Verkehr konzentrieren.

„Grauenvolle Sache“, wiederholte Aurora, als sie sich gesetzt hatten.

„Arme Federica, sie hat alles verloren. Ihre Freunde, ihre Nachbarn, ihr Haus mit allem drin. Alles.“ Chiara überlegte, was das für sie bedeuten würde. „Alle meine Spielsachen wären weg. Auch der Laptop. Mein Bett. Alle Kleider, sogar die Unterhosen. Unser Tisch. Das Sofa. Der Kühlschrank. Das Klo. Die Handtücher. Die Fotos. Meine Haarspangensammlung. Alles futschikato.“

„Meine Meerschweinchen vielleicht auch“, fügte Aurora hinzu.

Den Rest der Fahrt hing jede ihren Gedanken nach.

„Am besten schreiben wir den Schulweg von heute schon mal auf. Ich formuliere die Beschreibung der Straßen aus und du die Gespräche mit den Frauen. Dann bauen wir die Texte zusammen. Geht ja am Computer superleicht.“ Chiara, die Praktische.

„Gute Idee.“

Als sie in ihre Straße einbogen, musste Chiara an ihr doofes Verhalten von heute Morgen denken. Sie nahm die Hand ihrer Freundin und meinte: „Ich war heute so blöd. So unheimlich blöd. Das mache ich nie, nie mehr.“

Aurora grinste und zwinkerte ihr zu: „Ich weiß nicht, wovon du sprichst.“ Das letzte Stück gingen die beiden Hand in Hand.

Am nächsten Morgen drückte Chiara die Klingel dreimal. Gleich darauf hörte sie eine Tür ins Schloss fallen, dann Gepolter auf der Treppe, und schon riss Aurora mit einem strahlenden „buon giorno“ die Haustür auf. Zügigen Schrittes eilten sie zur Bushaltestelle. Dort kamen sie gleichzeitig mit dem Bus an, fuhren drei Haltestellen und stiegen an der Piazza Bologna aus. Wie jeden Morgen. Automatisch ging ihr Blick rüber zur Bank, auf der sie gestern mit Federica gesessen hatten. Doch die Bank war leer. „Zu früh“, sagte Chiara mit einem Blick auf die Uhr. „Viel zu früh.“

Via Ravenna runter, dann in die Via Ernesto Monaci einbiegen. Das graue Schulgebäude sahen sie schon von Weitem. In der Pause kam Auroras Cousine Martha zu den Freundinnen. Martha war eine Klasse über den beiden.
„Echt krass“, begann Martha, „wir hatten heute zwei spannende Stunden. Zuerst hat Signor Paolo uns erklärt, wie Erdbeben entstehen. Dann kam eine Frau, die das Erdbeben von Amatrice überlebt hat. Was sie uns berichtet hat: echt krass.“
Chiara und Aurora schauten sich an und fragten unisono: „Wie heißt die Frau denn?“
„Ähm, wie hieß sie denn“, überlegte Martha, „Irgendwas mit F, Fi, Fo, Fe…“ Sie testete mehrere Silben, ob die zu dem Namen führen würden.
„Federica vielleicht?“, platzte Aurora heraus.
„Federica.“ Martha schien den Namen auf der Zunge zu

prüfen. „Federica? – Nein, so hieß sie nicht. Sie hieß … Sie hieß … Felìcita. Genau, Felìcita!"
„Wo ist denn Felìcita jetzt?", wollte Chiara wissen. Martha hob die Schultern. „Keine Ahnung. Vielleicht ist sie schon wieder gegangen. Vielleicht ist sie im Lehrerzimmer oder bei der Schulleitung. Woher soll ich das wissen? Wieso interessiert euch das überhaupt?"
„Erzähl ich dir später", meinte Aurora nur. Dann waren die beiden Freundinnen schon unterwegs zum Lehrerzimmer.

Chiara klopfte. Klopfte noch einmal. Sie hörten Gemurmel, Lachen und Stimmen, aber niemand öffnete.
„Sekretariat", meinte Aurora, als auch das dritte Klopfen überhört worden war.
„Prego?" Signora Feroci, die Sekretärin, saß am Computer. „Was wollt ihr?", fragte sie, ohne ihren Blick vom Bildschirm zu lösen.
„Wir wollen Signora Felìcita sprechen. Die Frau aus Amatrice", antwortete Chiara.
Nun sah Signora Feroci doch neugierig vom Computer auf. „Was wollt ihr von ihr?"
„Wir kennen auch jemanden aus Amatrice. Federica wohnt jetzt in Rom und ist einsam."
Signora Feroci lächelte: „Ihr wollt die beiden zusammenbringen?"
Sie nickten. Signora Feroci nickte ebenfalls, sie liebte solche Begebenheiten. „Wartet hier." Auf ihren hohen, dünnen Absätzen stöckelte sie zum Lehrerzimmer und kam

schon nach fünf Minuten wieder zurück. An ihrer Seite war eine Frau, vielleicht 40 Jahre alt. Sie hatte ein geblümtes Sommerkleid an und Sandalen. Chiara fand das viel zu sommerlich, automatisch schlang sie ihre Strickjacke enger um sich. Die Frau sah es und sagte zur Begrüßung: „Für mich ist es in Rom sehr warm. In Amatrice, unserem Bergdorf, war es nur im Sommer so warm wie hier schon jetzt im Mai."

„Wir kennen auch jemand aus Amatrice. Federica", platzte Aurora auch dieses Mal heraus.

„Federica wie weiter?"

Erst jetzt fiel ihnen auf, dass sie nur den Vornamen kannten. Sie begannen, Federica zu beschreiben: graue Haare, die sie zusammengebunden trug, spitze Nase, dunkle Augen, nicht dick, nicht dünn, nett.

„Die Beschreibung passt auf viele Italienerinnen", meinte Signora Felìcita. „Aber es gab nicht so viele Federicas in Amatrice. Könnt ihr noch irgendwas über sie sagen?"

Chiara musste nicht lange überlegen. „Sie wohnte im Zentrum von Amatrice und hat einen Sohn. Dario. Bei ihm lebt sie jetzt."

„Dario? Dario Andretti, mit dem bin ich zur Schule gegangen. Stimmt, seine Mutter heißt Federica. Natürlich, die kenne ich. Wo finde ich sie?"

„Auf einer Bank an der Piazza Bologna, dort sitzt sie jeden Tag und ist einsam und allein", sagte Aurora.

„Könnt ihr mich dorthin bringen?"

„Aber erst nach dem Unterricht", mischte sich Frau Bertoli

ein, die im Sekretariat etwas abholen wollte und einen Teil der Unterhaltung mitbekommen hatte.

Ungeduldig warteten die Freundinnen auf das Ende des Unterrichts. Darum hätten sie auch beinahe Frau Bertolis Frage überhört: „Bei einigen Schülerinnen und Schülern – nicht nur in dieser Klasse – hapert es beim Lesen. Darum haben wir Lehrer uns überlegt, dass wir Leute suchen, die die Schüler beim Lesen unterstützen. Die Schüler sollen den Leuten vorlesen. Kennt ihr jemanden, von dem ihr euch vorstellen könnt, dass sie oder er mitmacht? Wenn ja, dann fragt doch mal nach."
Chiara und Aurora schauten sich vielsagend an.

Endlich war der Unterricht zu Ende. Felìcita wartete schon vor der Tür des Klassenzimmers auf die beiden. Gemeinsam gingen sie die Ernesto Monaci entlang, bogen dann in die Via Ravenna ein, bevor sie zur Piazza Bologna kamen.
„Hier, auf einer der Bänke muss Federica sitzen", sagte Chiara und schaute sich um. Die älteren Herren saßen wieder zusammen auf einer Bank, zwei Mütter mit Kinderwagen auf einer anderen, die übrigen Bänke waren frei.
„Sie ist nicht hier", stellte Chiara fest.
„Aber sie sagte uns, sie sei jeden Tag hier. Komisch", ergänzte Aurora.
„Vielleicht hat sie heute etwas anderes vor", meinte Felìcita enttäuscht.

„Aber wir waren so gut wie verabredet", sagte Aurora mindestens genauso enttäuscht und ließ sich auf die Bank plumpsen, auf der eigentlich Federica sitzen sollte.
Die zwei anderen setzten sich zu ihr.
„Wenn es sich tatsächlich um Darios Mutter handelt, dann kriegen wir raus, wo sie wohnt", meinte Felìcita nun zuversichtlich. Sie zückte ihr Smartphone. Nach einer Weile murmelte sie: „Dario müsste in der Via Giovanni Severano wohnen. Ich habe seine Telefonnummer, falls die noch stimmt. Eine Handynummer habe ich leider nicht." Sie wählte die Nummer. Keine Verbindung. Kein Anschluss.
„Sollen wir zu der Adresse gehen?", fragte Aurora.
„Habt ihr noch Zeit?", wollte Felìcita wissen.
Sie nickten. Chiaras Eltern arbeiteten an der Universität und kamen nicht vor sechs, sieben nach Hause. Bei Aurora war niemand zu Hause. Ihre Mutter arbeitete als Krankenschwester, sie hatte diese Woche Spätdienst. Und ihr Vater war, wie so oft, auf Geschäftsreise.

Zügig gingen sie zu dritt an ihrer Bushaltestelle vorbei und die Viale Ventuno Aprile entlang.
„Wir müssen heute noch unsere Schulweg-Beschreibung fertig machen", schoss es der pflichtbewussten Chiara durch den Kopf. Doch sie sagte nichts. Genau wie die anderen war sie angespannt. Irgendwas war komisch, sonst hätte Federica doch auf der Bank gesessen. Hoffentlich war ihr nichts passiert!

Von der Viale Ventuno Aprile bogen sie nach links in die Via Giovanni Severano, die Straße, in der Federica wohnte. Eine schmale Einbahnstraße mit viergeschossigen Mehrfamilienhäusern und ein paar Bäumen. Hier sah es fast genauso aus wie in Chiaras und Auroras Straße, nur die Vorgärten fehlten. Ein alter Mann mit Rollator tippelte vorbei und nickte ihnen freundlich zu. Eine schmale Frau kam ihnen entgegen. Eine andere Frau warf verstohlen einen Blick in den Papierkorb.

„Nummer 30, hier müsste es sein", sagte Felìcita und deutete auf ein dunkelrot gestrichenes Haus mit Flachdach. Im Erdgeschoss waren die Fenster vergittert. Sie schaute auf die Klingelschilder und murmelte: „Andretti, Andretti. – Hier!"

Sie klingelte. Keine Reaktion. Die drei schauten sich fragend an. Felìcita klingelte noch einmal. Und noch einmal. Nichts.

„Scheint niemand zu Hause zu sein."

„Merkwürdig", meinte Aurora. „Sehr merkwürdig."

„Vielleicht ist ihr etwas passiert." Chiara sprach aus, was auch die anderen dachten. Beunruhigt gingen sie zurück zur Piazza Bologna.

Felìcita war nur noch zwei Tage in Rom, um in Schulen vom Erdbeben zu berichten. Danach würde sie zurück nach Rieti fahren, wo sie und ihr Mann bei der Schwiegermutter wohnten, bis sie irgendwann wieder nach Amatrice ziehen konnten.

„Treffen wir uns morgen wieder hier an der Bank", sagte

Felìcita zum Abschied. Sie wollte noch zum Petersdom, dem Wahrzeichen Roms. Der Petersdom war eine riesengroße Kirche von herausragender Bedeutung, so etwas wie das Zentrum der Christen aus aller Welt. Mehr als 120 Jahre lang wurde am Petersdom gebaut. „Im Dom möchte ich für die Toten von Amatrice beten und für die Überlebenden.“

Chiara und Aurora sprangen in den Bus. Der Busfahrer nickte ihnen freundlich zu. Ihren ursprünglichen Plan, von der Piazza Bologna zu Fuß nach Hause zu gehen, hatten sie vergessen. Erst als sie an der Via Lorenzo il Magnifico ausstiegen und dem Busfahrer „bis morgen“ zuriefen, fiel er ihnen wieder ein. „Mist, wir hätten doch unseren Schulweg beschreiben sollen“, meinte Chiara.
„Au backe“, erwiderte Aurora nur.
Sie gingen zu Chiara nach Hause und versuchten den Schulweg aus dem Gedächtnis zu beschreiben. Natürlich nur die Variante mit der Busfahrt. Doch so richtig wollte das nicht klappen. Sie konnten sich nur schlecht konzentrieren, denn ständig tauchte die Frage auf: Was war mit Federica?

„Wenigstens ist der erste Teil unserer Beschreibung gut“, meinte Aurora. „So wird die Bertoli wenigstens halbwegs zufrieden sein.“ Ihr Magen knurrte.
„Willst du mit uns essen?“, lud Chiara ihre Freundin ein. Die nickte begeistert.
Es gab Spaghetti bolognese. Aurora verschlang zwei Por-

tionen. Chiaras Mutter freute sich über den Appetit ihres Gastes.
„So eine gute Bolognese habe ich schon lange nicht mehr gegessen“, sagte Aurora, als sie den leer geputzten Teller von sich schob.
„Habt ihr Federica wiedergesehen?“, wollte Chiaras Mutter wissen und wunderte sich genauso wie die Mädchen, dass die Frau heute nicht am Treffpunkt war. „Vielleicht hatte sie einen Termin, an den sie gestern nicht gedacht hat. Oder ihr ist etwas Unerwartetes dazwischengekommen. Bestimmt sitzt sie morgen wieder auf der Bank und freut sich, euch zu sehen.“
„Und wenn ihr doch was passiert ist?“, meinte Chiara.
„Das glaube ich nicht. Sie hat das schwere Erdbeben überlebt, was sollte ihr da noch passieren?“

Am nächsten Morgen hing der Himmel voller Wolken.
„Ein bisschen mager“, sagte Frau Bertoli, als sie die Schulwege-Seiten von Chiara und Aurora einsammelte. Die gute Note konnten sie vergessen.
„Ja, leider“, sagte Aurora und schaute die Lehrerin unschuldig an, „aber wir hatten gestern einfach keine Zeit mehr. Wir mussten Federica suchen.“
„Ach ja, die Frau aus Amatrice“, erinnerte sich nun auch Frau Bertoli. „Habt ihr sie gefunden?“
Mit zusammengekniffenen Lippen schüttelten die beiden den Kopf. „Wir versuchen es heute noch mal“, meinte Chiara leise.

„Viel Glück“, meinte Signora Bertoli und fuhr dann mit dem Unterricht fort.

„O nein! Das gibt’s doch nicht!“, rief Aurora. Die Schule war für heute zu Ende, sie standen im überdachten Teil des Pausenhofs. Der Himmel war tiefschwarz, und es schüttete wie aus Eimern.
„Das kann doch nicht sein!“, sagte jetzt auch Chiara. „Regen um diese Jahreszeit ist in Rom eigentlich nicht möglich. So ein Mist! Bei Regen wird Federica nicht auf der Bank sitzen. Was sollen wir bloß tun?“
„Wir gehen trotzdem hin“, entschied Aurora.

Sie zogen zwar ihre Jacken über den Kopf, trotzdem waren sie nach zwei Minuten tropfnass. Sowohl von oben, vom Regen, als auch von unten, von den Pfützen, und von der Seite, von den Autos, die keine Rücksicht nahmen und durch die Pfützen fuhren, dass es nur so spritzte.
„Iiiih“, „eklig“ und „widerlich“ riefen die beiden abwechselnd. Aber nur am Anfang. Als sie in die Via Ravenna einbogen, waren sie so pitschnass, dass es egal war, ob ihnen noch mehr Wasser entgegenspritzte.
Zum Glück war es ein warmer Tag, so froren sie nicht. Sie hielten sich an den Händen, als sie sich ihren Weg durch den Verkehr auf der Piazza Bologna bahnten. Schüttelten sich dann wie Hunde, als sie auf dem kleinen Platz angekommen waren – und trauten ihren Augen nicht: Alle Bänke waren leer bis auf eine. Dort saß jemand kerzengerade, gekleidet

mit Regenmantel, Gummistiefeln und Regenschirm und winkte ihnen.
„Federica!"
„Ich wusste, dass ihr kommen würdet", sagte Federica zur Begrüßung. „Es ist so schön, euch zu sehen!"
„Wie lange sitzen Sie schon hier?", wollte Chiara wissen.
„Schon eine Weile. Aber das macht nichts. Ich liebe den Regen." Federica lachte. Chiara und Aurora mochten den Regen nicht so sehr. Das war den beiden anzusehen.
„Wollen wir in das kleine Café hier an der Ecke gehen?", schlug Federica vor. Doch dann meinte sie: „Ihr seid beide so nass. Vielleicht wäre es besser, ihr kommt zu mir, dann könnt ihr eure nassen Sachen ausziehen."
Die Mädchen nickten.

Kurze Zeit später saßen sie, in eine Decke gewickelt, gemütlich vor einer dampfenden Tasse Tee auf dem Sofa, während der Trockner ihre Kleider trocknete. Federica konnte sich die Frage schon denken, die den Mädchen auf den Lippen lag. Darum begann sie zu erzählen: „Ich wollte euch gestern unbedingt treffen. Hatte mich schon den ganzen Morgen darauf gefreut. Als ich im Treppenhaus war, hörte ich ein Stöhnen. Eine Treppe tiefer war eine Wohnungstür ein Stück weit geöffnet, und ich sah, dass im Flur jemand lag. ‚Brauchen Sie Hilfe?', rief ich in die Wohnung hinein. Wieder Stöhnen. Mir war zwar unheimlich – wahrscheinlich habe ich zu viele Krimis gelesen –, trotzdem machte ich die Tür ganz auf. Eine Frau, älter als ich, lag auf

dem Boden und stöhnte. Sofort tauchten wieder viele Bilder vom Erdbeben und den Verletzten in meinem Kopf auf. Ich rief bei der Polizei oder der Feuerwehr an, so genau weiß ich das nicht mehr. Jedenfalls kam bald ein Krankenwagen. So lange blieb ich bei der Frau. Manchmal war sie bewusstlos, manchmal war sie wach, dann drückte sie meine Hand. Die Ärzte sagten, ich solle ins Krankenhaus mitkommen. Das wollte ich zwar nicht, denn ich wollte ja zu euch. Aber die Frau tat mir leid. Und ich dachte: Wenn ich hier so liegen würde, wäre ich auch froh, wenn mich jemand begleiten würde. Also bin ich mit. Zuvor habe ich noch einen Zettel für die Angehörigen geschrieben.
Meine Nachbarin hatte einen Schlaganfall. Die Ärzte haben gesagt, es sei ein großes Glück gewesen, dass ich sie so schnell gefunden hätte. Als ich nach ein paar Stunden wieder hier war, wusste ich, dass ihr nicht mehr an der Piazza Bologna sein würdet. Das war sehr schade. Gleichzeitig war ich froh, dass ich Elisa – so heißt meine Nachbarin – helfen konnte."
„Und wir sind sehr froh, dass Ihnen nichts passiert ist", sagte Aurora und griff nach Federicas Hand. „Wir haben uns nämlich Sorgen gemacht."
„Außerdem haben wir eine Überraschung für Sie", fügte Chiara hinzu.
Federica hob die Augenbrauen. „Überraschung? Meint ihr Felìcita?"
Sie nickten.
„Sie hat gestern Abend hier angerufen. Wir treffen uns

heute Abend. Ich koche für sie und für Dario und seine Frau. Und morgen besuche ich Elisa im Krankenhaus."

„Ganz schön was los bei Ihnen", meinte nun Aurora.

Federica strahlte. „Aber das Schönste ist, dass ich euch getroffen habe."

„Bald sind Ferien", sagte Aurora. „Wir fahren nicht in Urlaub. Wenn Sie wollen, können wir uns Rom anschauen – ich weiß auch, wie das mit den Bussen und der Metro funktioniert. Sie sagen, wo Sie hinwollen, und ich bringe Sie dorthin."

„Wir sind auch nur zehn Tage weg", ergänzte Chiara. „Dann können wir zu dritt los. Und für nach den Ferien sucht Frau Bertoli, das ist unsere Lehrerin, jemanden, der mit ein paar Schülern Leseübungen macht. Vielleicht würde Ihnen das gefallen?"

Verstohlen wischte sich Federica eine Freudenträne aus den Augenwinkeln und flüsterte. „Vielleicht ist es in Rom gar nicht so schlecht."

Info: Rom ist die Hauptstadt Italiens. Die Stadt ist mit mehr als drei Millionen Einwohnern das wirtschaftliche und kulturelle Zentrum des Landes. Rom wird auch als „Ewige Stadt" bezeichnet. Es gibt viele bedeutende Bauten, zum Beispiel das Kolosseum, das Forum Romanum, das Pantheon, die Spanische Treppe und den Vatikan. Das ist der Sitz des Papstes, des Oberhauptes der römisch-katholischen Kirche.

Gegründet wurde Rom im Jahr 753 vor Christus, so heißt es zumindest in der Sage. Die Zwillingsbrüder Romulus und Remus seien auf dem Fluss Tiber ausgesetzt worden, ans Ufer angeschwemmt und von einer Wölfin gesäugt worden. Später seien sie von einem Hirten gefunden und aufgezogen worden. Romulus hätte dann an der Stelle Rom gegründet, sagt man. Wahrscheinlicher ist aber, dass zu dieser Zeit einige Dörfer zu einer Stadt vereinigt wurden oder zusammenwuchsen und auf diese Weise Rom entstand.

Italien grenzt an Frankreich, die Schweiz, Österreich und Slowenien. Ein großer Teil des Landes ist vom Mittelmeer umgeben. Es gibt zwei große Inseln: Sardinien und Sizilien. In Italien leben ungefähr 60 Millionen Menschen, die meisten davon im Norden des Landes. Italien ist berühmt für seine Kunstgeschichte, Sehenswürdigkeiten, Architektur, für Fußball, Autos, Mode, Musik und seine gute Küche. Und es ist das Lieblingsreiseland der Deutschen.

Mittelitalien wird immer wieder von schweren Erdbeben heimgesucht. Der Grund: Der Adriatische Sporn, ein Anhängsel der Afrikanischen Erdplatte, reibt sich hier an der Eurasischen Erdplatte. Diese Reibung sorgt für Erdbeben. So wie das Beben, das Amatrice zerstört hat.